Das Antlitz des Schweigens

Dhan Gopal Mukerji

Das Antlitz des Schweigens

VERLAG MARCO ALDINGER
Gartenstraße 18
7800 Freiburg

Lizenzausgabe mit Genehmigung des Otto Wilhelm Barth Verlags
(im Scherz Verlag), Bern und München
Vollständige Überarbeitung der Übersetzung aus dem Amerikanischen:
B. Schütz und M. Aldinger

Originaltitel: »The Face of Silence«

Umschlagfoto: Ulrich Oberdiek
Satz: Satzbüro H. Fiedler, Freiburg
Druck: Freiburger Graphische Betriebe

ISBN 3-925642-01-3

jenen gewidmet,
die mir den Weg zeigten:

Josephine Mac Leod
Jadu Gopal Mukhopadhaya
Alice Sprague
Mrs. Sumner-Hunt

Vorwort des Herausgebers

Im Jahr 1938 erschien »Das Antlitz des Schweigens«. Dieses Buch, das schnell in den Ruf kam, das schönste Buch über den indischen Meister Ramakrishna zu sein, wurde im Jahr 1957 ein zweites Mal aufgelegt. Heute, fünfzig Jahre nach Erscheinen der ersten deutschsprachigen Ausgabe, liegt es dem Leser in einer neuen, vollständig überarbeiteten Fassung wieder vor. Die Wiederveröffentlichung des »Antlitz des Schweigens« erfolgte nicht nur deshalb, weil es bis heute das schönste Buch über Ramakrishna geblieben ist, sondern vor allem, weil es sich nicht um das »Kultbuch« eines indischen Gurus handelt, sondern um ein zeitloses Werk, das jedem spirituell Suchenden Antworten auf grundlegende und drängende Fragen des Lebens und des Menschseins gibt. Auch handelt es sich hier nicht um ein spezifisch »indisches« Buch; Ramakrishna lehrt aufgrund seiner eigenen Erfahrung die innere Einheit aller Religionen und spirituellen Systeme.

Selbst denen, die das »Antlitz des Schweigens« kennen, bietet die vorliegende Fassung Neues und Überraschendes, da sie sich eng an den englischen Originaltext hält und sich somit in wesentlichen Punkten von der bisherigen sehr freien Übersetzung unterscheidet. Die zum Teil schwerwiegenden Abweichungen der bisherigen Übersetzung vom Originaltext veranlaßten zu einer tiefgreifenden Überarbeitung und teilweisen Neuübersetzung, weshalb das schon vor geraumer Zeit angekündigte Wiedererscheinen des »Antlitz des Schweigens« erst jetzt erfolgen konnte.

Inhalt

Das Kloster des Ramakrishna

Daß ein Heiliger, den viele seiner Schüler als eine Inkarnation Gottes verehren, in jüngster Zeit in der Nähe von Kalkutta lebte, ist eines der Wunder unserer Tage. Noch erstaunlicher ist, daß ich unmittelbar nach meiner Rückkehr aus dem Amerika des 20. Jahrhunderts Schüler dieses Heiligen treffe, die inmitten des modernen Fortschritts ein mittelalterliches Leben führen. Diese Mönche und Nonnen, die vor den Toren Kalkuttas leben, kommen mit allem, was in dieser Stadt geschieht, in Berührung und bewahren sich dennoch vollkommen mühelos ihre Abgeschiedenheit. Doch ich muß diese Geschichte der Reihe nach erzählen, von Anfang an, so wie sie sich vor meinen Augen zugetragen hat.

Dank der Liebenswürdigkeit eines Freundes war ich eingeladen worden, in das Kloster der Schüler Ramakrishnas zu kommen und dort eine Zeitlang zu leben. Der Anblick der Klosteranlage ist überwältigend, wenn man mit dem Boot von Kalkutta aus den Ganges hinauffährt. Der Turm eines neu erbauten Tempels erhebt sich in strahlendem Weiß über Gruppen von Palmen vor dem purpurgefärbten Himmel des Sonnenuntergangs. Zu seinen Füßen ragt eine hohe gelbgraue Steinmauer empor, an der sich die niedrige Flut bricht.

Als unser Schiff die Mitte des Flußes erreichte, erhoben auch die anderen Gebäude des Klosters nach und nach ihre gelben Häupter, bis auch das letzte kleine weiße Heiligtum der Göttlichen Mutter für einen Augenblick wie ein Silberschleier auftauchte.

Plötzlich verschwand das ganze Bild vor unseren Augen. Wir näherten uns dem Ufer, das steil aufragte und uns jede Sicht verschloß. Am Fuße des Ghat, der breiten Ufertreppe, legten wir an und eilten die Stufen hinauf, denn wir fürchteten, zu spät zur Arati, der Abendandacht, zu kommen. Die letzte Stufe führte uns auf eine breite Terrasse aus grauem Zement, von der aus ein schmaler Pfad zum Heiligtum verlief. Hinter dem Schrein leuchtete das satte Grün der tropischen Gärten, das schon gedämpfte Goldtöne annahm, während sich die Dämmerung schweigend niedersenkte.

In diesem Augenblick schlug jemand einen Gong im Innern des Heiligtums. Wir eilten hinein, denn die Arati hatte begonnen. Das Heiligtum bestand aus zwei Räumen, einem inneren und einem äußeren. Wir setzten uns neben eine Gruppe kahlgeschorener Mönche auf den scharlachroten Fußboden des Außenraums. Sie schlugen ihre Zimbeln und sangen mit lauter Stimme einen Abendsegen. Während sie sangen, schwang im innersten Heiligtum ein Mönch in gelbem Gewand einen Pancha-Pradip, einen fünfarmigen Leuchter mit brennenden Kerzen, vor einem Bild Ramakrishnas, das auf einem blumengeschmückten Altar stand. Die wohlriechenden Flammen zahlloser Lampen, deren Dochte in Ghrita, gereinigter Butter, getränkt waren, flackerten vor dem

Bild des Meisters. In diesem Lichtermeer rief Ramakrishnas Bild einen sehr seltsamen Eindruck hervor. Trotz des Ausdrucks höchster Lebensfülle schien er zugleich die Unbewegtheit selbst zu sein. »Wie konnte er diesen Zustand erreichen?« fragte ich mich und hoffte, mich später eingehender mit seinem Leben beschäftigen zu können.

Da erstarb plötzlich der Klang der Zimbeln und Gesänge. Der Mönch im Inneren des Tempels beendete das Schwingen des Pancha-Pradip. Er stellte den Leuchter nieder, nahm eine Muschelschale und blies dreimal in sie hinein. Nach dem Verklingen des Widerhalls des letzten Tons setzte er sich schweigend vor den Altar und begann zu meditieren. Seinem Beispiel folgend legten im Vortempel die Sannyasins, die Mönche, ihre Zimbeln zur Seite und sangen den Text, über den sie meditieren sollten. Dann verstummte einer nach dem anderen. Ihre Körper erstarrten, und außer in ihrem gleichschwingenden, sich langsam hebenden und senkenden Atem unterschieden sie sich nicht von Statuen. Von Ferne ein aufsteigendes Summen wie von einem Bienenschwarm – die Mönche im Tempelinnern sangen mit tiefer Stimme, jedes Wort klar und deutlich:

»Schweigen, von dem unsere Worte gebrochen und unsere Gedanken geschlagen, wie erschöpfte Hunde von einer erfolglosen Jagd, zurückkehren. Schweigen, über dem der Staub jeglichen Lauts sich sammelt. Oh Fluß der Wunder ...«

Diese Meditation fuhr wie ein scharfer Strom durch meine Gedanken, durchschnitt sie und erfüllte den ganzen Raum. Die Gesichter der Mönche waren wie aus

Stein gehauen, genügsam, frei von jeglicher Begierde, rein wie geläutertes Gold. Die Augen und Lippen geschlossen, so drangen sie weiter ein in das Schweigen, dessen Tiefe »unauslotbar ist, wie die endlose Weite des Alls«.

Dies war meine erste Begegnung mit den Schülern des Shri Ramakrishna. Ich stand ganz in ihrem Bann. Je länger ich mit ihnen zusammenlebte, desto brennender wurde mein Wunsch, alles von ihrem täglichen Leben zu erfahren. Warum handelten sie gerade so, und nicht anders? Welche Regeln bestimmten ihr Verhalten? Wer hatte ihrem Leben diese Ordnung gegeben? Diejenigen, die ich fragte, gaben nur wenig Antwort. Sie rieten mir, »noch eine Weile unter ihnen zu *leben*«.

Der harmonische Ablauf und die Einfachheit ihres Alltags waren Ausdruck einer lebendigen Wirklichkeit. Ich konnte nicht übersehen, daß alles, was sie taten, geheiligt wurde, und selbst ihr Kommen und Gehen war sinnerfüllt. Ihre Gesichter waren hell und klar. Keine falsche Hoffnung beunruhigte sie, keine Einbildung täuschte sie. Es war etwas Hartes und Schonungsloses, aber wunderbar Wirkliches in allem, was sie sagten und taten. Vor fünf Uhr morgens standen sie auf, um zuerst zwei Stunden lang zu meditieren; dann gingen sie an ihre tägliche Arbeit: Pflege der Kranken, Unterstützung der Armen, Erziehung der Jugend.

Am Mittag nahmen sie nach kurzer innerer Sammlung ihr Mahl ein, dem eine Ruhepause folgte. Gegen halb drei kamen sie wieder zusammen, um Lehre und Auslegung des Vedanta zu hören. In diesem Klosterunterricht gelehrter Mönche habe ich die tiefsten Deutungen der Upanishaden gehört.

Gegen vier Uhr gab es Tee. Um halb fünf widmete sich jeder der Mönche den körperlichen Übungen, die er bevorzugte. Am Abend kamen sie wieder zum bereits beschriebenen Chorgebet im Tempel zusammen.

Diese gelbgekleideten Mönche, die hier in leisen Gesprächen über Gott und Ramakrishna auf dem grünen Rasen spazierengingen, konnten auch zupacken. Sie waren nicht weniger stark als andere Männer den Anforderungen des Lebens gewachsen. Brach irgendwo im Umkreis eine Krankheit aus, kümmerten sie sich um die Kranken. Wurde eine Gegend Indiens von Hungersnot, Überschwemmung oder einer anderen Plage heimgesucht, eilten sie schnell »wie der Adler sich auf seine Beute stürzt« den vom Unglück Betroffenen zur Hilfe. War die Gefahr vorüber, kehrten sie ins Kloster zurück, um wieder ganz bei sich selbst zu sein. Handeln verdarb sie nicht, Nichthandeln ließ sie nicht träge werden; sie waren, um es mit einem Wort zu sagen, freie Menschen.

Fragte ich sie, was sie von Leid und Lust befreit hatte, dann wiesen sie allein auf Leben und Lehre Shri Ramakrishnas hin. Ein Sprichwort sagt: »Zeigen alle Wegweiser auf den gleichen Pfad, dann muß man ihn gehen«. Da alle Mönche bei jeder Gelegenheit auf das Leben Ramakrishnas hinwiesen, mußte ich mich damit beschäftigen. »Es ist besser, die Quelle des Brunnens zu untersuchen«, wurde mir gesagt.

Aber ich griff nicht zu einem Buch. Früh schon hatte mich meine Mutter gelehrt: »Stelle nicht ein bedrucktes Blatt zwischen dich und das Leben.« So suchte ich, um Ramakrishnas Leben kennenzulernen, nicht nach Büchern über sein Leben, sondern nach Menschen, die ihn gekannt hatten.

Die Legende von Ramakrishna

Eines Morgens erhielt ich die Botschaft eines Pandit, der einst zu den vertrautesten Schülern Ramakrishnas gehörte und viele Gespräche seines Lehrers aufgezeichnet hatte. Es bleibt mir ein Rätsel, wie er erfahren konnte, daß ich einen Menschen suchte, der Ramakrishnas Lehren gesammelt hatte. Es war mir völlig unbegreiflich. Doch ich folgte sogleich seiner freundlichen Einladung und machte mich auf den Weg zu ihm.

Der Pandit lebte im Herzen der Stadt, in der Amherst Street, in einem Haus, dessen Größe mich überraschte. Es war nicht schön, doch geräumig und sauber. Seine grauen Mauern wurden von hohen, mit Eisenstangen gesicherten Fenstern unterbrochen. Vor dem Haus lag ein kleiner, durch ein Gitter von der Straße getrennter Spielplatz. Bei genauerem Hinsehen ließ mich eine Aufschrift auf dem Portal erkennen, daß es ein Schulgebäude war. Ohne mich daran zu stören, öffnete ich das Tor. Ich überquerte den Spielplatz, stieß die große grüngestrichene Eingangstür auf und betrat das Gebäude. In der völlig leeren Vorhalle blieb ich stehen und wartete.

Nach wenigen Augenblicken kam ein zehn oder zwölf Jahre alter, dunkelhäutiger Junge mit nacktem Oberkörper wie ein Pfeil eine Treppe am anderen Ende der Halle hinuntergestürzt. Ich rief ihn. Das »kleine Äffchen«, wie wir Inder liebkosend sagen würden, wandte sich mir zu: »Herr, hungerst du nach dem Anblick unseres Lehrers, des Pandit?«

Ich antwortete: »Mein Verlangen ist das eines Verhungernden.«

»Dann folge mir, Ehrwürdiger«, rief der Kleine und führte mich die Treppe hinauf. Daß ein Knabe von zwölf Jahren die Würde eines Elefanten haben konnte, lehrte mich dieser junge Bursche mit seinen schnellen und doch so anmutigen Bewegungen.

Nachdem wir über zahllose Treppen zum dritten Stock gelangt waren, sah ich mich einem weißbärtigen Mann gegenüber, der auf einem Sofa vor dem offenen Fenster saß.

Der kleine Bursche grüßte ihn feierlich und sagte: »Der ehrwürdige Besucher verlangt nach deinem verehrungswürdigen Anblick.« Wieder sein ehrfürchtiger Gruß, und lautlos wie der Sand im Stundenglas glitt er aus dem Raum.

Die Gegenwart des Pandit erfüllte mich mit solcher Ehrfurcht, daß ich ihr Ausdruck geben mußte. So kniete ich, ein Brahmane, nieder und verbeugte mich, indem ich mit der Stirn den Boden berührte. Im gleichen Augenblick fühlte und hörte ich eine Bewegung, sanft wie der Sprung einer Katze. Ich blickte auf. Der Pandit stand neben mir. Entstetzt rief er: »Was für ein Sakrileg! Du, der Brahmane beugst vor dem Nicht-Brahmanen das Knie!«

Ich richtete mich auf und entgegnete: »Ramakrishna

hat dich gesegnet, dadurch stehst du höher als jeder Brahmane!«

Jetzt schaute ich ihn genau an. Er war mindestens einen Meter achtzig groß, hatte die mächtige Brust eines Gorillas und sein Gesicht erinnerte an einen weißbärtigen Tiger. Seine merkwürdigen, ins Bernsteinfarbene gehenden braunen Augen und seine große griechische Nase mit zarten, fast weiblichen Nasenflügeln standen in scharfem Gegensatz zu seiner hohen Stirn und den buschigen weißen Haaren, die seinen Kopf wie ein zerzauster Heiligenschein umrahmten. Durch ein langes schneeweißes, weichfließendes Gewand, das in schönen geraden Falten auf seine Füße fiel, wurde seine Größe noch betont. Er ergriff meine Hand und zog mich neben sich auf das Sofa. Während er zu mir sprach, glitten meine Augen durch den Raum, in dem wir saßen. Es waren die üblichen weißgekalkten Wände; die Balken der Decke traten wie die Rippen eines Verhungerten hervor. Außer dem Sofa, auf dem wir saßen, stand kein einziges Möbelstück im Raum. Es war sehr heiß an diesem Mainachmittag. Durch die großen vergitterten Fenster sah man die Dächer der umliegenden Häuser und einen dunstigen, in der Hitze metallisch flimmernden Himmel. Nachdem ich die Umgebung eingehend betrachtet hatte, richtete ich meine ganze Aufmerksamkeit auf meinen Gastgeber. In jedem seiner Worte spürte ich die Zartheit seiner Stimme.

»Ich habe alles niedergeschrieben, was ich den Guru Maharaj (Shri Ramakrishna) sagen hörte«, erzählte er, »doch was soll ich dir sagen, damit du dir eine Vorstellung von seinem Mund machen kannst, aus dem die Worte wie Sterne vom Himmel fielen, und der Wohnstätte der Unsterblichkeit war?«

»Wie kommst du zu diesem Vergleich?« fragte ich.

»Vielleicht nur deshalb«, antwortete der Pandit, »weil sich alle seine Worte als wahr erwiesen. Jede seiner Prophezeihungen ging in Erfüllung. Ganz ohne Zweifel: seine Gedanken kamen aus dem Reich der Unsterblichkeit. Er war weder gelehrt, noch hatte seine Rede dramatische Wucht. Seine Sprache war die des Volkes, einfach und direkt. Doch keines seiner Worte enthielt auch nur den Schatten des Vergänglichen; sie waren erfüllt mit dem Hauch des Ewigen, der jeden seiner Zuhörer lebendig berührte. Wenn er auch tot ist, seine Worte erfüllen weiterhin ihr Versprechen. Nun aber laß mich dir, der du von tausend Fragen erfüllt bist, eine Frage stellen: was willst du von Ramakrishna wissen?«

»Wie darf ich das verstehen, Herr?«

»Suchst du den Ramakrishna der Geschichte oder jenen der Legende?« umschrieb der Pandit seine Frage. Da mich diese Frage völlig unerwartet traf, mußte er einige Zeit auf meine Antwort warten; schließlich aber vermochte ich sie zu geben: »Ich suche eine genügende Anzahl von Tatsachen, die es mir ermöglichen, die glaubwürdigsten Legenden zusammenzustellen.«

»Ausgezeichnet!« rief der Pandit erfreut, und Bart und Haare schienen vor Freude zu zittern. »Noch keiner hat bis heute die Legenden von Ramakrishna gesammelt. Und doch enthalten sie mehr Wahrheit über ihn als alle Tatsachenberichte, die ich niedergeschrieben habe. Die Legende ist das Gefäß der Wahrheit. Tatsachen sind so stumpfsinnig und beschränkt, daß niemand durch sie über seine eigene Enge hinausgehoben werden kann.«

»Doch Geschichte ist äußerst notwendig und vertrauenswürdig«, meinte ich.

»Ja, sie ist notwendig. Notwendig als Rohmaterial für die Legende«, war seine Antwort, »denn keinen besseren Nährboden gibt es für die Legende als die Geschichte. Deshalb habe ich die Chronik des Ramakrishna geschrieben. In fünfhundert Jahren wird meine Arbeit ihre Vollendung erfahren, wenn ein großer Dichter daraus die Ramakrishna-Legende formt, die unsterblich sein wird, wie der Meister selbst.«

»Gibt es heute schon viele Legenden um Ramakrishna?« wollte ich wissen.

Er schüttelte verneinend den Kopf: »Es gibt nur wenige. Darum gehe nach Dakshineswar und in die umliegenden Dörfer. Besuche dort die ältesten Bewohner und befrage sie. Noch leben unter ihnen zwei Greise, die Ramakrishna zur Zeit seiner ersten Erleuchtung sahen. Sie werden dir erzählen, daß sie seinen Anblick, als er an jenem Tag den Tempel der Kali verließ und an ihnen vorüberging, wegen des leuchtenden Glanzes, der sein Gesicht umstrahlte, nicht ertragen konnten. Geh zu diesen Menschen! Alles, was ich von dem Heiligen weiß, ist niedergeschrieben und wird nicht so schnell vergehen; jene aber können bei ihrem hohen Alter jeden Augenblick sterben. Lausche der Musik ihrer Rohrflöten, solange sie noch ihre Weisen über den Meister spielen können.«

Ratsuchend stellte ich noch eine Frage: »Gibt es noch etwas anderes, Herr, das ich tun soll, wenn ich nach diesen Legenden suche?«

»Warum solltest du überhaupt irgendetwas tun? Laß Gott, der in dir ist, sichtbar werden. Tue nichts. Bedenke nur folgendes: du wirst weder Unerhörtes noch Wunderbares erfahren. Ramakrishna war der einfachste der Einfachen. Er lehrte nichts, um die Menschen zu heldenhaften Taten aufzustacheln. Obwohl die Ewigkeit in seinen Worten war, löschte seine Rede die Symbole der Zeit, wie Sonne und Mond, nicht aus. Nichts war in seinem Tun, das die Sensationslust eines Geschichtsschreibers reizen könnte; obwohl allein seine Berührung vielen Menschen Gott offenbarte.«

»Seine Berührung offenbarte den Menschen Gott?« rief ich verwundert.

Der Pandit antwortete ernst: »Jedesmal, wenn er von Gott sprach, erschien auf seinem Antlitz ein auf Erden unbekanntes Leuchten. Berührte er dann mit seiner Hand oder seinem Fuß einen Menschen, so sah dieser im selben Augenblick die ganze Welt in ein einziges Strahlenmeer und in eine einzige Glückseligkeit (Ananda) getaucht. Dieser Zustand dauerte drei bis vier Tage lang an. Alle Gesichter, die dieser Mensch dann erblickte, leuchteten hell wie Sterne, alle Orte waren wie in das Licht des Vollmonds getaucht, und die dunkelsten Tiefen der Nacht erschienen vom klaren Licht der morgendlichen Sonne erfüllt. In den sechs Tagen meiner eigenen Erleuchtung offenbarte sich mir das Leben als eine Einheit. Es gab keinen Tod. Kein Unterschied herrschte zwischen Tag und Nacht: Anandarupa, das Licht der Glückseligkeit, leuchtete allezeit und überall. Und das Herz allen Seins sang nur das eine Lied:

'Worte können das nicht schildern, der Verstand kann sich dem nicht nähern. Ich bin des ewigen Schweigens Licht. Ich bin die Seligkeit, die Glückseligkeit!'«

Der Pandit schwieg. Die Erinnerung an sein erstes spirituelles Erlebnis ließ sein Gesicht in leuchtendem Glanz erstrahlen. Tränen, die wie Edelsteine funkelten, standen ihm in den Augen. Worte und Fragen, die in meinem Kopf gewesen waren, entwichen, so wie Hunde vor dem Tiger fliehen. Ich nahm den Staub von seinen Füßen. Dann erhob ich mich und machte mich auf den Weg, jene anderen Männer und Frauen zu suchen, die Ramakrishna gekannt hatten, um aus ihrem Mund die Geschichte seines Lebens zu hören.

Ramakrishnas Jugend

Nach der Legende wurde Ramakrishna als Sohn der berühmten bengalesischen Brahmanenfamilie Chattopadhyaya im Frühjahr 1836 geboren. Bei seiner Geburt erhielt er den Namen Gadadhar, der später mit dem Familiennamen zu Gadai Chattujjay verkürzt wurde.

Seine Eltern gaben ihm die für einen Brahmanen-Jungen der vierziger Jahre des letzten Jahrhunderts übliche Erziehung. Sie umfaßte neben einer gründlichen Einweisung in die Kunst der Meditation das Studium der Sanskritfassungen der Gita, des Ramayana und des Mahabharata. Bei einer ungewöhnlichen Begabung für die Meditation, zeigte Ramakrishna allen philosophischen Studien gegenüber nur ein mittelmäßiges Verständnis. Er hatte nicht den geringsten Sinn für Metaphysik; hingegen liebte er religiöse Bücher so sehr, daß er Hunderte von Balladen und Gedichten über das Leben der Heiligen und der Götter des Hinduismus geradezu verschlang. Keiner seines Alters konnte eine gleiche Anzahl von religiösen Gedichten und mystischen Sagen auswendig rezitieren.

Da er sich so ernsthaft religiösen Dingen zuwandte,

entschloß sich seine Familie, ihn zum Priester ausbilden zu lassen. Noch vor seinem sechzehnten Lebensjahr trat er als Gehilfe des Priesters in den von der Rani (Königin) Rasmani der Göttin Kali geweihten Tempel ein. Rasmani war eine der hervorragendsten Herrscherinnen des feudalen Indiens. Ihrer ungewöhnlichen Intuition folgend, ließ sie Ramakrishna, als dieser gerade achtzehn Jahre alt geworden war, von ihren beiden Schwiegersöhnen zu ihrem Familienpriester ernennen.

Nach der Legende erkannten die Königin und ihre ganze Umgebung die spirituellen Kräfte Ramakrishnas schon am allerersten Tag, an dem er in ihren Tempel kam. Solange sie und ihre Schwiegersöhne lebten, umsorgten sie ihn mit besonderer Fürsorge und achtungsvoller Anerkennung. Selbst heute noch, fast vierzig Jahre nach seinem Tod, werden in Dakshineswar Geschichten über die Freundschaft erzählt, die Ramakrishna mit der Königin Rasmani und ihrem Haus vom ersten Tag an verband.

Zweifellos war es diese freundliche Aufnahme des königlichen Hauses, die Ramakrishna Dakshineswar als seine Heimat empfinden ließ. Die Tempelanlage war sehr schön und weitläufig. Der Tempel lag inmitten eines Gartens, der sich meilenweit an den Ufern des Ganges hinzog. Hunderte von weißen, blauen, roten und grünen Booten fuhren an ihm vorüber flußabwärts nach Kalkutta, das nur sechs Meilen entfernt lag. Selbst heute noch, da der Tempel zerfallen ist, spürt man die Majestät dieses Ortes. Die grauen Türmchen und Kuppeln der heiligen Gebäude, die weiten Hallen und Gänge, der große dunkle Innenraum des Heiligtums, in dem beim Schein unzähliger Kerzen die weißgekleideten Priester über das Schweigen meditierten, wecken eine übermächtige Sehnsucht nach dem Unbekannten. Draußen im Garten leuchten die Pflanzen, Gräser und Kräuter wie Smaragde unter der sengenden Sonne Indiens. Weiter nach Norden liegt der Wald von Panchavati, dessen riesige Bäume mit ihren weitverzweigten Kronen Ramakrishna die für seine Meditationen notwendige Einsamkeit boten.

Alle Erzählungen um Ramakrishna lassen deutlich erkennen, daß er in der undurchdringlichen Abgeschiedenheit von Panchavati nicht nur seine entscheidensten spirituellen Erlebnisse hatte, sondern hier auch Erholung von der anstrengenden und schwierigen Arbeit der Verwaltung einer königlichen Kapelle fand. Er ging umso häufiger dorthin, je klarer seine Aufgaben im Tempel der Kali hervortraten. In seinem Innersten erkannte er, daß man aus ihm einen Kirchenfürsten machen wollte. Da sprach er zu sich selbst: »Dieser Tempel ist zu reich, seine Einnahmen sind ungeheuer groß. Er erschöpft die Seelen seiner Priester und läßt ihnen keine Zeit, über Gott zu meditieren.«

Ramakrishna kam vom Land, aus einer einfachen, armen, sehr religiösen Brahmanenfamilie, und sollte sich nun um ein für seinen Verehrungskult berühmtes und gewaltiges Heiligtum kümmern, als wäre er ein mächtiger Fürst der mittelalterlichen Kirche. Was die Menschen seiner Umgebung von ihm erwarteten, war nicht ein heiliges und mystisches Leben, sondern ein elegantes, würdevolles Auftreten und das Geschick eines geistlichen Diplomaten. »Ihren Vorstellungen nach sollte er den Reichen schmeicheln und die Armen ernähren«, berichtet einer seiner jüngeren Zeitgenossen, »doch sie rechneten nicht mit der mystischen Natur ihres Priesters und mit der Bedeutung der Göttin, der er diente. Kali, das Symbol von Zeit und Ewigkeit, von Tod und Unsterblichkeit, übte einen so tiefen Eindruck auf den jungen Ramakrishna aus, daß kein trügerischer Wunsch mehr in ihm aufkommen konnte, ein Fürst unter den Priestern zu werden.«

»Das grimmige Bild der Göttin, das er täglich verehrte, erweckte in seiner Seele das, was er wirklich war: ein Mystiker und nicht ein Theologe. Er widmete Gebeten und Meditationen mehr Zeit, als es die priesterlichen Regeln verlangten; mit Ritualen befaßte er sich so wenig wie möglich und betonte, die Göttin Kali, die dort im Tempelinnern aufgestellt war, sei keine tote Statue, sondern das lebendige Symbol der spirituellen Erfahrung des Menschen.«

Die Göttin Kali verkörpert die Zeit und die Zeitlosigkeit, die Unsterblichkeit. Sie ist nicht nur die Mutter des Weltalls, sondern auch seine Vernichterin. Alle Dinge werden aus ihr geboren und kehren wieder in sie zurück. Ihr Bild, die Gestalt einer Tänzerin, ist aus schwarzem Marmor gehauen; denn die Zeit ist unsichtbar, sie hat keine Farbe. Da wir unausgesetzt die Folge von Augenblicken der Zeit erfahren, liegt das Symbol der Zeit in der Kunst des Tanzes, der die Folge von Bewegungen ist. Augenblicke der Zeit sind nur Bewegungen des Menschen. Mit seinen Augen begreift der Mensch nur den Raum, im Tanz aber erfährt er die Zeit. Deshalb muß Kali, das Symbol unserer Erfahrung der Zeit, das Bild des Tanzes sein. Um ihren Hals trägt sie eine Kette aus Menschenschädeln; sie stellen die verschiedenen Epochen der Menschheitsgeschichte dar, die von der Zeit aus dem Sein ausgelöscht werden. Neben diesem sonderbaren Schmuck sind ihr vier Hände gegeben, Sinnbilder der drei Zeitformen: Vergangenheit, Gegenwart und Zukunft. Die beiden ersten Hände, deren eine ein Schwert, die andere einen Menschenschädel hält, bedeuten, daß der Mensch, die letzte Verkörperung des menschlichen Schicksals, vom Tod ausgelöscht wird. Ihre beiden anderen Hände sind erhoben, um auf die Hoffnung (die Zukunft) und die Erinnerung (die Vergangenheit) hinzuweisen. Das ist das Bild der Kali, – doch nicht das vollständige. Denn sieh genau hin: Kali hat ihren Fuß auf den schneeweißen Gott Shiva gesetzt, das Symbol der Unsterblichkeit. Er ist der Gott der Entsagung. Ihn kann sie nicht bezwingen. Plötzlich hält sie in ihrem rasenden Tanz inne; denn Shiva ist unüberwindlich. Sie, die alle bezwungen hat, den Gott der Entsagung besiegt sie nicht. Die Hindus verstehen Kali vollkommen; selbst die Kinder lernen so zu ihr zu beten:

»Zeige mir das Antlitz deines Erbarmens, das sich hinter dem Staub der Täuschung verbirgt. Oh Göttin, du Antlitz der Unsterblichkeit, durchdringe mich völlig mit deinem todlosen Erbarmen.«

Die klare Eindeutigkeit in der Symbolik der Kali, daß außer Entsagung nichts Bestand hat, ließ Ramakrishna den leeren Prunk der Riten und Rituale durchschauen. Diese Einsicht war unvereinbar mit dem Weg zum Kirchenfürsten. Er war noch keine zwanzig Jahre alt, und doch begriff er ihre Botschaft und suchte, seine priesterlichen Pflichten in ihrem Sinn zu erfüllen. Er verzichtete auf die Seidengewänder und die mit Gold und Silber bestickten Tücher; er weigerte sich, von goldenen Tellern zu speisen, die eine Unmenge von Dienern ihm vorsetzten. Schließlich verließ er seine prunkvollen Gemächer und zog in ein kleines Zimmer neben den Unterkünften der Dienerschaft, das er bis ans Ende seines Lebens bewohnen sollte. Dann begann er, einige der prunkvollsten rituellen Handlungen des Gottesdienstes zu vereinfachen. Bei den Zeremonien legte er sich nicht mehr die große Perlenkette um, er trug auch nicht mehr das scharlachfarbene Seidengewand und das hellblaue Tuch, das mit Diamanten wie mit Sternen übersät war. Er schwang nicht mehr vor seiner Göttin das Weihrauchgefäß aus reinem Gold; las den Gläubigen nicht mehr aus dem Buch vor, dessen Einband mit ziselierter Goldprägung verziert war. Je mehr er das komplizierte und prunkvolle Ritual vereinfachte, umso größer wurde seine Bemühung, selbst noch tiefer die innere Bedeutung des Gottesdienstes zu erfassen und sie seine Gemeinde zu lehren.

Die Besucher des Tempels begannen sich über seine Bilderstürmerei zu beklagen. Sie verlangten von der Königin Rasmani die sofortige Entlassung des jungen Priesters. Sie aber antwortete ihnen: »Sollen wir ihn entlassen, weil er Kali auf seine Weise verehrt? Er ist Priester und muß besser wissen, was richtig ist, als wir. Solange er das Gewand der Hingabe trägt, solange die Reinheit in seiner Rede und die Sittlichkeit in seinem Tun wohnt, ist jeder Tadel müßig.«

Kaum waren diese Wortführer gegangen, erschienen vor der Rani ehrwürdige Männer aus der weiteren Umgebung und klagten: »Oh Rani, Spiegel der Wahrheit und Hüterin der Religion, bitte entferne deinen Priester Gadai Chattujjay; denn er scheint von Sinnen zu sein.«

Dieses Mal antwortete der »Spiegel der Wahrheit«: »Er ist nicht wahnsinnig wie ihr meint, sondern von Sinnen wie die Heiligen.«

Nun hatte Ramakrishna fast ein Jahr lang Ruhe, obwohl er sich auch weiterhin nicht anders verhielt. Bald begann er die Göttin Kali zu unüblichen Stunden anzurufen. Nachts oder während der Nachmittagsruhe, wenn die Göttin nach dem Glauben des Volkes ruhte, konnte man hinter den geschlossenen Türen des Tempelinneren den jungen Priester rufen und beten hören: »Oh Mutter, gib mir Weisheit und laß mich dein liebendes Angesicht schauen, das du hinter dieser Maske aus Stein verbirgst.«

Schließlich begann Ramakrishnas ständiges Beten die Menschen von Dakshineswar wieder zu belästigen und zu beunruhigen. Doch sie gingen nicht zur Rani, sondern flüsterten untereinander: »Das ist unerhört. Es gibt eine Zeit des Ruhens und eine andere des Betens. Kein anständiger Priester stört seine Gottheit durch Gebete in der Zeit, da er schlafen sollte. Sein Handeln wird immer seltsamer. Was sollen wir nur tun?«

Hriday, ein Neffe und ständiger Begleiter Ramakrishnas, weiß sehr Aufschlußreiches über das sonderbare Verhalten des Meisters zu erzählen.

Trotz seines Rangs als Brahmane, doch getreu der goldenen Regel der Hindus, die besagt, daß man in allen Geschöpfen Gott sehen solle, aß Ramakrishna die Überreste aus den Schalen der ausgestoßenen Bettler, die in Dakshineswar gespeist wurden. Damit verletzte er die Kastenregeln, nach denen auch er erzogen worden war, und die von allen Hindus akzeptiert werden. Doch auch die Strenggläubigsten der Gemeinde schlossen bereitwillig vor diesem seltsamen Verhalten die Augen.

Als der Meister einmal Reis und Süßigkeiten, die liturgischen Opfergaben, Kali darbrachte, schlich sich eine Katze in das Heiligtum und schrie nach Nahrung. Ramakrishna wandte sich augenblicklich zu dem verhungerten Tier, gab ihm zu essen und sagte: »Oh Mutter, in der Verkleidung des Tieres kommst du zu mir; da du in allen Wesen bist, bringe ich dir diese Opfergaben dar, iß und höre auf zu miauen.«

Diese Beispiele zeigen, daß Ramakrishna im Laufe der Zeit allen schweigende Duldung, wenn nicht sogar Achtung abnötigte. Ebenso beweisen sie die konsequente Verwirklichung seiner Lebenshaltung, die Lehre der Religion in die Tat umzusetzen.

Was aber die Menschen von seinem äußeren Leben sahen, war nichts, gemessen an seinen inneren Bemühungen. Dies bezeugt die Erzählung, wie er den Wunsch nach Reichtum überwand.

Ramakrishna betete zu Kali, sie möge ihm das richtige Verständnis des Geldes offenbaren, und ließ nicht ab vom Gebet. Immer wieder meditierte er über den Satz der heiligen Schriften: »Gold ist Erde; Erde ist Gold.« Um dies im täglichen Leben zu prüfen, verschenkte er häufig die Gold- und Silberopfer, die er von reichen Pilgern erhielt. So betete und handelte er fast ein ganzes Jahr lang, ohne die Frage des Geldes zu lösen. Stundenlang meditierte und betete er täglich. Und er selbst bekennt: »Die Frage des Geldes verwirrte mich tief. Unsere Religion lehrt, daß Gold und Staub eins seien. Da ich meine Religion ernst nahm, hielt ich monatelang jeden Morgen eine Münze und ein Stückchen Lehm in der Hand und meditierte: Gold ist Erde; Erde ist Gold. Doch keine spirituelle Erfahrung wurde mir zuteil. Nichts bewies die Wahrheit dieser Worte. Ich weiß nicht mehr, wieviele Monate der Meditation vergangen waren, bis ich eines Morgens in aller Frühe am Ufer des Flusses saß und die Mutter um Erleuchtung bat. Da! Plötzlich erschien mir die ganze Welt in einen strahlenden Mantel von Gold gehüllt. Dann verwandelte sich das Leuchten in einen noch tieferen Glanz – in die Farbe des braunen Lehms, weit herrlicher als Gold. Während dieser Schau hörte ich tief im Innersten meiner Seele eine Stimme, gewaltig wie das Trompeten von zehntausend Elefanten: 'Erde und Gold sind von jetzt an eins für dich.' Meine Gebete waren erfüllt worden, und ich warf beides, Gold und Lehm, in den Ganges.«

Von diesem Tag an lebte Ramakrishna ohne Furcht vor Besitz oder Mangel an Geld; seine Einstellung zu ihm war völlig ausgeglichen. Er gebrauchte nie oberflächliche Worte wie etwa: »Erwerb ist schmutzig« oder »Geld ist Macht«. Über das Geld lehrte er später seine Schüler wie über jede andere Lebensfrage, daß man sich über die »Gegensätze«, die zwei Seiten einer Sache, erheben müsse, denn sie stellen nur verschiedene Aspekte ein und derselben Sache dar. »Das Geld zu verachten oder es nicht zu beachten ist genauso falsch, wie es geizig zusammenzuraffen. In der Tat, mit Geld kann man sich einige Dinge kaufen, doch die Leiter, die in den Himmel führt, ist nicht aus Gold.«

In Indien erzählt man sich die Legende von einem jungen Schüler des Meisters, der einkaufen ging. Es schien ihm zu materialistisch und deshalb unter seiner Würde, mit den Verkäufern zu handeln. So machte er seine Einkäufe und kehrte nach Dakshineswar zurück. Als er dann seine Tasche öffnete, und Ramakrishna die wenigen von ihm erstandenen Vorräte sah, fragte der Meister ihn, warum er für so wenige Dinge soviel Geld ausgegeben habe. Der junge Schüler antwortete: »Ich habe nicht um den Preis gefeilscht«, und als Begründung fügte er hinzu, »ich habe nicht gehandelt, Herr, weil das nicht spirituell ist.« Ramakrishna entgegnete: »Glaubst du etwa, weil du nicht lernen willst zu handeln, wird Gott einen Heiligen aus dir machen? Schäm dich! Ein Heiliger verachtet nichts! Solange du auf dem Marktplatz des Lebens stehst, mußt du lernen, seine Gesetze zu meistern. Verwechsle Heiligkeit nicht mit Dummheit. Deine spirituellen Bemühungen werden dich mit Mitleid erfüllen; sie werden dich auch unendlich wachsamer machen als die Menschen, die nur in der Welt der Materie leben. Brahma, Gott, ist Unendliche Glückseligkeit; aber Er ist auch Unendliche Klugheit und Scharfsinn!«

Obwohl es ein großes Vergnügen ist, solche Begebenheiten zu erzählen, wollen wir zum Tempel der Kali zurückkehren, in dem wir Ramakrishna mit seinem ganzen jugendlichen Eifer religiöse Übungen praktizieren sahen. Ein solcher tiefer religiöser Ernst mußte bei einem so jungen Menschen zumindest auffallen, wenn nicht geradezu krankhaft erscheinen.

Schließlich tat Ramakrishna etwas so Ungewöhnliches, daß der Welt seine Geisteskrankheit und somit seine Unfähigkeit zum Priester erwiesen schien: er vernachlässigte ganz offensichtlich den Tempeldienst. Manchmal zog er sich tagelang in die Einsamkeit der Wälder von Panchavati zurück. Wäre nicht sein Neffe Hriday als sein Stellvertreter tätig gewesen, so wäre der Kult der Kali völlig zusammengebrochen. Dies wiederholte sich ein Dutzend Mal, so daß alle Bewohner von Dakshineswar mit Ausnahme des königlichen Hauses vollkommen zweifelsfrei davon überzeugt waren, daß ihr

Priester verrückt geworden war. Eine große Abordnung suchte die Rani auf und verlangte seine Entlassung. Aber wieder weigerte sich Rasmani, ihrem Ersuchen stattzugeben und sagte: »Ich bin überzeugt, daß er ein großer Lehrer werden wird. Wir müssen mit diesem Löwenjungen an Spiritualität Geduld haben, wenn er unseren Tempel für seine heimatliche Wüste ansieht.«

Diese Antwort von Rasmani überzeugte jeden, daß von ihr nichts zu erwarten sei, und sie nur immer wieder denselben Rat geben würde, Ramakrishnas seltsames Verhalten hinzunehmen. Die Menschen auf dem Land waren jedoch keineswegs gegen Ramakrishna aufgebracht, sondern sorgten sich so sehr um ihn, daß einige von ihnen hundert Meilen weit zu seiner Mutter ins Landesinnere reisten, um ihr die traurige Nachricht zu bringen, Gott habe den Geist ihres Sohnes verwirrt. Die kluge Frau aber war durch diese Mitteilung keineswegs bestürzt, nur etwas beunruhigt. So ging sie selbst nach Dakshineswar, um ihren Sohn mit eigenen Augen zu sehen. Auf den ersten Blick erkannte sie, daß er durchaus nicht geisteskrank war. Doch sie fürchtete, daß er der Welt entsagen und das Gelübde der Keuschheit ablegen könnte. Das Kloster aber war der letzte Ort, an dem sie ihren Sohn zu sehen wünschte. Um ihn vor dem Mönchtum zu bewahren, drängte sie ihn, zu heiraten. Die Ehe, so wußte ihr ein jeder zu sagen, würde all seinem Gotteswahn ein Ende bereiten. Es war die gute alte indische Methode, einen Mann durch die Ehe mit einer jungen Frau davor bewahren zu wollen, daß er über die fortwährende Beschäftigung mit dem Unendlichen seinen Verstand verliert. Dieser Versuch wurde sogar bei Buddha unternommen. Wenn er auch nie erfolgreich verlief und nie zum ersehnten Ziel führte, so greifen

Eltern doch immer wieder zu dieser Methode, wie der Henker zu seinem Strick.

Ramakrishna ließ nach einiger Zeit seine Mutter wissen, daß er bereit sei, ein junges Mädchen zu heiraten, das die Göttliche Mutter ihm in seinen Meditationen gezeigt hatte. Man folgte den Anordnungen, die er gab. Die Braut wohnte etwa vierhundert Meilen entfernt bei ihren Eltern. Dort fanden die Ehewerber zu ihrem Erstaunen das auserwählte Brahmanenmädchen, wie es ihnen Ramakrishna gesagt hatte. Ihr Name war Sarada – »was die Welt begehrt«. Zur rechten Zeit und am geeigneten Ort wurde Ramakrishna mit ihr getraut.

Er brachte seine Frau heim nach Dakshineswar. Dann tat er, was ein Heiliger, der sich der höheren Verrücktheit verschrieben hat, tun muß. Er sagte zu ihr: »Siehst du dort den Turm? Er ist groß und geräumig. Dort wirst du alles Notwendige finden. Geh dort hin, bete und meditiere und bitte Gott, daß Er mir Erleuchtung gebe. Warum du das tun sollst? Weil es zweier Frauen bedarf, damit ein Mann heilig werde: seiner Mutter und seiner Ehefrau. Meine Mutter brachte mich bis hierher, nun ist es deine Aufgabe, mir eine zweite Mutter, nicht meine Frau zu sein, und mich über den Fluß der Täuschung in das Haus des Himmels zu führen.«

Die junge Frau tat, was er ihr auftrug. Sie ging in diesen Turm und lebte von nun an in ihm. Er war sehr hoch; seine westlichen Fenster schauten auf den Ganges, die östlichen auf die Gärten und den Tempel. Im Norden und Süden des Turmes standen hohe Bäume. In diese Einsamkeit verbannte sie sich selbst. Außer ihren Freundinnen sah sie niemanden. Ihren Mann erblickte sie fast nur in den Stunden, in denen er die öffentlichen Riten des Tempels vollzog. Diese Jahre waren sehr hart für sie; doch auch nicht weniger hart für ihn, der Tag und Nacht betete und meditierte. Der Legende nach soll Ramakrishna in dieser Zeit nie geschlafen haben.

Mehr und mehr näherte sich Ramakrishna dem letzten Geheimnis. Als wahre Hindufrau war Sarada froh und stolz, ihm auf dem entsagungsreichen Pfad zur Heiligkeit und Vollendung helfen zu können. Aber ihr eigenes Leben war nicht ausgefüllt genug, und sie litt an Augenblicken qualvoller Einsamkeit. In einem solchen Augenblick ging sie zu Ramakrishna und sagte: »Herr, ich sehne mich nach Kindern.« Ramakrishna antwortete: »Viele werden deine Kinder sein, und von allen Enden der Welt werden sie kommen. Ich sehe sie schon auf dich zugehen, und einige von ihnen werden in Sprachen reden, die du nicht verstehen wirst.« So überzeugend klang seine Stimme, daß sich die »heilige Mutter« vor ihm verneigte. Sie ging in den Turm zurück zu ihrem Leben der Gebete und der Hingabe.

Als etwa fünfzig Jahre später einige fromme Engländer und Amerikaner der »heiligen Mutter« (wie sie in Indien genannt wird) ihre Verehrung erwiesen, sagte sie: »Seine Worte sind in Erfüllung gegangen. Ich habe Kinder, deren Sprache ich nicht verstehe.«

Der Heilige

Im Alter von dreißig Jahren hatte Ramakrishna schließlich seine erste Erleuchtung. Es war früh am Morgen. Nachdem er im Tempel die Morgenriten vollzogen hatte, ließ er sich vor Kali nieder und sagte zu ihr: »Mutter, entweder wird mir heute die Gnade der Erleuchtung zuteil, oder ich bereite morgen meinem Leben ein Ende. Zwölf Jahre lang habe ich gebetet und meditiert. Alle strengen Übungen, die mir meine Lehrer vorschrieben, habe ich praktiziert. Ich habe nach den Lehren unserer heiligen Schriften gelebt, die du den Menschen offenbart hast. Und doch, Mutter, hast du mir nicht erlaubt, dich zu schauen. Zeigst du mir morgen nicht dein Antlitz, dann werde ich dieses Leben beenden, das du mir gegeben hast.«

Ramakrishna blieb bewegungslos sitzen und meditierte. »Jene, die Mich mit unerschütterlicher Liebe suchen, werden Mich finden«, spricht der Herr in der Gita. Ramakrishna wiederholte vertrauensvoll diese Worte immer wieder mit rückhaltloser Aufrichtigkeit. Und jedesmal, wenn ihn beim Rezitieren dieser Worte Müdigkeit überfallen wollte, betete er: »Zerbrich mein

Herz, Mutter, aber bereite meinen Zweifeln ein Ende. Offenbare mir dein Antlitz der Unsterblichkeit.«

Plötzlich bewegten sich ihre steinernen Arme. Ihre Lippen verwandelten sich in zwei leuchtende Blütenblätter. Dann ergoß sich ein Licht über ihr ganzes Gesicht. Ihr Haar fing Feuer und wurde zu einem flammenden Strahlenkranz, als wäre die Sonne selbst vom Himmel herabgestiegen und stünde hinter ihrem Haupt. Nun tanzte und glitt das Licht ihren Körper hinab bis zu Shiva, der unter ihren Füßen lag; aber auch hier machte es nicht halt. Im Nu breitete sich dieses Lichtermeer wie Adlerschwingen über das ganze Tempelinnere aus. Selbst die kleinsten Gegenstände wie Glocken, Kerzen und Blumen tanzten, von diesem überirdischen Licht ergriffen.

Wohin Ramakrishna auch blickte, überall sah er Licht, Licht, Licht.

»Ich habe dich gefunden! Ich habe dich gefunden!« rief er und stürzte aus dem Tempel. Wohin er auch ging, er sah nichts als Licht. Der Ganges wand sich zu seinen Füßen wie eine Sichel aus Gold. Das Ufer, auf dem er stand, war ein einziger flammender Fels. Die Bäume in der Ferne, die Boote und die Menschen auf dem Fluß, die Vögel, die am Himmel kreisten, der Himmel selbst, sie alle jubelten, ergriffen von diesem Licht. »Ich habe dich gefunden! Ich habe dich gefunden!« Und Ramakrishna sang die Worte der Rishis aus alter Zeit:

»Neigt mir euer Ohr, ihr Söhne der Unsterblichkeit.
Gefunden habe ich das Höchste Wesen!
Selbst die Götter in den höchsten Weltenräumen
verblassen,
da ich Ihn gefunden habe,
gekleidet in das Licht der Sonne!«

Nach Aussage einiger Augenzeugen soll sich Ramakrishna fast zwei Wochen lang in diesem Zustand der Ekstase befunden haben, andere wiederum berichten, es seien nur einige Tage gewesen. Alle aber stimmen darin überein, daß er in dieser Zeit weder aß noch trank. Unaufhörlich pries er Gott. Jedem, dem er begegnete, rief er zu: »Ich sehe die Göttliche Mutter in dir! Kannst du Sie nicht sehen? Dort ist Sie, in deinen Augen, in deiner Stimme, in deinem Herzen, – dies unergründliche Meer der Seligkeit.« Manchmal, wenn er sprach, wurde das Licht, das aus seinem Gesicht strahlte, so hell, daß die Menschen ihre Augen bedecken mußten, um nicht zu erblinden.

Schnell verbreitet sich eine Neuigkeit im Osten. Kaum vierzehn Tage nach seiner Erleuchtung kamen Hunderte nach Dakshineswar, um den Heiligen zu sehen. Rani Rasmani lebte schon viele Jahre nicht mehr; doch ihre Schwiegersöhne, die einst zu Ramakrishna gehalten hatten und nun gesegnet waren durch die Erfüllung seiner Suche, dehnten ihre Gastfreundschaft auf alle Besucher des Tempels aus, um dem Meister nach besten Kräften zu dienen. Wie groß die Pilgerscharen auch waren, sie erhielten alle Nahrung und Obdach in den königlichen Palästen. »Ihr seid willkommen«, wurde ihnen gesagt, »doch dankt uns nicht, denn wir versuchen, indem wir dem Heiligen dienen, Verdienst zu erwerben.«

Wochen wurden zu Monaten, und immer zahlreicher kamen die Pilger. Ramakrishna unterwies sie und segnete jeden im Namen der Mutter. Er mied die Menschen nicht mehr; im Gegenteil, jetzt hieß er sie alle willkommen. Sein sogenanntes »exzentrisches Verhalten« war wie weggewischt. Seine Gebete zu Kali erklangen nicht mehr zu verbotenen Stunden; alle seine priesterlichen Pflichten erfüllte er mit der Pünktlichkeit einer Uhr. Selbst das umfangreichste Ritual konnte seine Geduld nicht mehr stören. Nun lebte er unter den Augen aller, ohne sich in die Einsamkeit der Wälder von Panchavati zurückzuziehen.

Augenzeugen berichten, daß zu dieser Zeit eine solche Kraft von ihm ausstrahlte, daß niemand ohne Gruß an ihm vorübergehen konnte. Ob im Tempel oder auf der Straße, die Menschen waren gezwungen, stehenzubleiben und einige Augenblicke in Schweigen zu verharren, wenn ihre Augen Ramakrishna erblickten. »Obwohl er die Aufmerksamkeit aller auf sich zog, verlor sein Gesicht niemals den Ausdruck der Demut.« Diese seltsame Anziehungskraft, die von ihm ausging, blieb bis zu seinem Tod lebendig.

Bald trafen Menschen aus den weiter entfernten Teilen Indiens ein. Ganze Heerscharen von Pilger kamen, um Darshana (das Schauen seines Gesichts) zu erhalten. Denn es heißt: »Der Blick in das Antlitz eines Erleuchteten löscht die Sünden eines Lebens aus.«

Keiner hatte das Ausmaß und die genaue Natur von Ramakrishnas Erlebnis wirklich erfassen können. Und er selbst war sich wohl nicht der Begrenztheit seiner Erfahrung bewußt. Er war voll von Ananda (Glückseligkeit); mehr kümmerte ihn nicht.

Eines Morgens kam ein sehr merkwürdiger Mann aus West-Indien, um Ramakrishna zu sehen. Nach seiner Erscheinung zu urteilen war er ein erfahrener und fortgeschrittener Lehrer. Da Ramakrishna mit der Ausübung der Tempelriten beschäftigt war, mußte der

Neuankömmling bis zum Nachmittag warten und sich den Pilgern anschließen, die gekommen waren, um sich von dem jungen Meister unterweisen zu lassen.

Es war gegen zehn Uhr abends, als die Menge sich langsam zerstreute und Ramakrishna allein zurückblieb, um am Ufer des Flusses zu meditieren. Da trat Totapuri – so hieß der Lehrer – auf ihn zu.

Ramakrishna sagte zu ihm: »Warum bist du nicht mit den anderen Pilgern weggegangen? Wenn du hier übernachten willst, so steht dir der königliche Palast offen.«

Der Lehrer antwortete: »Ich bin nicht gekommen, um Gastfreundschaft zu erbitten, sondern um mit dir zu reden. Mein Freund, deine Seele ist die erste Treppe zum Haus des Schweigens hinaufgestiegen. Doch es erwarten dich noch zwei weitere.«

Ohne jede Verwunderung fragte Ramakrishna: »Und welche sind diese beiden?«

Da sagte der Lehrer: »Du kennst doch die Erzählung von Rama und Hanuman. Als diese Verkörperung Gottes Hanuman fragte: 'Wie erfährst du mich, mein geliebter Schüler?', was antwortet er da?«

Ramakrishna erwiderte: »Hanuman sagte zu Rama: wenn ich dich fühle, Herr, bin ich dein Sohn und Diener; wenn ich dich denke, bin ich ein Teil von dir; doch wenn ich dich verwirkliche – bin ich du.«

»Du hast die Heilige Mutter gefühlt; nun mußt du Sie mit deinem Denken erfassen und dann auch verwirklichen. Oder willst du nicht die Einheit mit Gott erlangen?«

»Was wird mit mir geschehen, wenn ich diese Einheit erfahre?« wollte Ramakrishna wissen.

Der Lehrer antwortete: »Dann wird sich deine Vorstellung, Gott und du seien zwei verschiedene und voneinander getrennte Dinge, auflösen. Du wirst dein Selbst, deine Ichheit verlieren.«

Ramakrishna lächelte schelmisch: »Ich kann mein Selbst auch im Schlaf oder in einer Ohnmacht verlieren.«

Der Lehrer, dem jeder Humor zu fehlen schien, erwiderte ernst: »Das ist aber nicht Samadhi, das Einssein. Im Schlaf oder in einer Ohnmacht bleibt das Ich bestehen, auch wenn es sich nicht artikuliert. Lediglich das Gehirn, das Werkzeug, durch das es sich ausdrückt, ist in seiner Tätigkeit gestört. Das ist alles. Sämtliche Wünsche und Leidenschaften bleiben bestehen wie die Nahrung in einem Menschen, der eben gegessen hat und dessen Verdauung für einige Augenblicke nicht arbeitet. Wenn man schläft oder ohnmächtig ist, schlägt das Herz weiter, der Puls und die Blutzirkulation werden nicht unterbrochen. Dies alles sind Zeichen für das Vorhandensein des Ichs. Im Samadhi aber sind all diese Funktionen aufgehoben. Und es gibt noch weitere Unterschiede. Der Mensch, der aus Schlaf oder Ohnmacht erwacht, ist der gleiche wie zuvor, mit den gleichen Wünschen, Leidenschaften und Begierden, mit denen er sich niederlegte. Wenn er aus dem unbewußten Zustand erwacht, ist er nicht besser als vorher.«

Ramakrishna unterbrach ihn: »Was aber würde ich im vollkommenen Einssein gewinnen?«

Der Lehrer antwortete: »Um in diesen Zustand eingehen zu können, muß man seine Ichheit verlieren – seine kleinen Schwächen, Gelüste, Hoffnungen und Wünsche. Kommt ein Mensch wieder aus dem Samadhi hervor, so ist er zu einer Brücke zur Unsterblichkeit geworden! Er ist dann voll Freude, voller Mitgefühl und besitzt die Gabe der Unterscheidungskraft. Obwohl während des Samadhi sein Herz und sein Puls nicht schlagen, ist er nicht tot. Ganz im Gegenteil, sein Bewußtsein ist wach und scharf wie die Klinge eines Rasiermessers. Sein Erleben ist klarer und umfassender, denn alle Welten – Materie, Seele, Geist – sind jetzt in ihm lebendig. In ihm finden alle Erfahrungen von Wirklichkeit eine Stätte. Er ist zum »*Tat*« (Das) des »*tat tvam asi*«* geworden, in dem alle Dinge und Wesen ihre Heimat haben. Nachdem ein Mensch Samadhi erfahren hat, fühlt er sich nicht mehr als einen Teil Gottes; er ist ganz Gott geworden. Er ist zum Rückgrat des Universums, ja mehr noch, zum Maß der Unsterblichkeit geworden!«

Der Lehrer sprach diese letzten Worte mit einer so großen Überzeugung, daß Ramakrishna von ihnen tief bewegt wurde. Vorsichtig fragte er: »Was soll ich tun?«

»Ich will, daß du höhere Formen der Meditation erlernst«, antwortete der Lehrer. »Du bist weit fortgeschritten auf dem Weg des Suchenden; ich will dich in den Advaita-Vedanta**, in das Wissen von der Nicht-Zweiheit einweihen.«

»Aber«, wandt Ramakrishna ein, »ich kann nichts tun ohne das Einverständnis der Göttlichen Mutter!«

Der Lehrer zögerte für einen Augenblick: »Dann geh zu Ihr und laß dir Ihre Erlaubnis geben.«

Ramakrishna entfernte sich schweigend, während sich Totapuri am Flußufer niedersetzte und meditierte.

Inzwischen hielt Ramakrishna im Heiligtum Zwiesprache mit Kali. Nach etwa einer Stunde vernahm er ihren Befehl: »Ja, mein Sohn, geh und lerne von ihm.«

---

* Wörtl.: »Das bist du«, d.h. »Das Absolute ist mit dir wesenseins«. Anm. d. Ü.

** Der *Advaita-Vedanta* lehrt, daß die gesamte Erscheinungswelt, die Seele und Gott identisch sind. Anm. d. Ü.

Ramakrishna ging zu Totapuri zurück und berichtete ihm, daß er die Einwilligung der Göttlichen Mutter erhalten habe. Bei aller Ergriffenheit über die Unschuld des jungen Mannes, der ein steinernes Standbild im Tempel mit Mutter anredete, mag der Lehrer über diesen »Aberglauben« gelächelt haben. Als Vedantist glaubte er weder an einen persönlichen Gott, noch an die Wirksamkeit des Gebets oder der Verehrung eines Schöpfers. Doch zu diesem Zeitpunkt schwieg er Ramakrishna gegenüber, denn er war davon überzeugt, daß Ramakrishna unter seinen Anweisungen die Wahrheit erkennen und diesen Aberglauben von sich aus abwerfen würde.

Später erklärte der Lehrer Ramakrishna, daß er mit besonderen Zeremonien in die geheimen Mysterien eingeweiht werden müsse, bevor er mit dem Erlernen der Wahrheiten und der Ausübung der Lehren des Vedanta beginnen könne. Er müsse die Zeichen seines jetzigen Standes als Brahmane, wie die heilige Schnur und die Tonsur, aufgeben und ein neues Leben beginnen. Ramakrishna war dazu bereit.

So zog sich Totapuri in den tiefsten Teil des Waldes von Panchavati zurück und ließ sich dort nieder. Täglich ging Ramakrishna für einige Stunden zu ihm, um seine vorbereitenden Unterweisungen zu empfangen. Als sie beendet waren, bestimmte der Lehrer den Tag der Einweihung. Wieder ging Ramakrishna in den Tempel und hielt Zwiesprache mit der Mutter. Und wieder erhielt er ihren Befehl, dem Lehrer zu folgen, um das Einssein zu erfahren.

Am Tag der Einweihung entsagte Ramakrishna seiner Priesterstellung im Tempel und begab sich in die Wälder von Panchavati.

Auf einem von Totapuri errichteten Altar entzündeten sie ein Sandelholzfeuer. Ramakrishna erhielt den Befehl, seine eigene Begräbniszeremonie zu vollziehen. Denn alles endliche Wissen in Gedanken und Worten muß in Flammen aufgehen, bevor Advaita, das Wissen von der Nicht-Dualität, gelehrt werden kann. So trat Ramakrishna in den Tiefen des Waldes seinem Guru gegenüber, der hinter dem Altar stand, und sang:

»Meinem Vater, meiner Mutter, meiner Frau entsage ich. Meinen Kenntnissen und meinem Wissen entsage ich. Meinem Namen und meiner Stellung entsage ich. Meinen Gefühlen und meinen Gedanken entsage ich. Oh Feuer, Symbol unsterblicher Reinheit, oh Baum, Sinnbild des Lebens, oh Himmel, Zeugnis von Gottes Schweigen – bezeugt zusammen mit meinem Guru, daß ich mein irdisches Sein und meine Ichheit in diesen lodernden Scheiterhaufen werfe. Heimatlos bekenne ich mich im Raum, heimatlos bekenne ich mich in der Zeit, heimatlos in den Himmeln. Heimatlos bekenne ich mich in allem außer in Ihm, dem Ewigen, Unendlichen, Schweigenden Gott. Verbrenne mich, Feuer, bis ich nicht mehr bin.«

Nun nahm ihn Totapuri an der Hand, und sie umschritten siebenmal das Feuer. Dann warf Ramakrishna alle Zeichen und Symbole seiner Stellung und seiner Kaste in die Flammen. Daraufhin meditierte er lange, den Blick ins Feuer gerichtet. Auf den Befehl seines Gurus, den Namen Gadadhar Chattopadhyaya aufzugeben, entsagte er auch dem Namen, den seine Eltern ihm gegeben hatten.

Wieder faßte ihn Totapuri an der Hand und führte ihn in eine kleine Hütte. Dort ließen sie sich nieder und meditierten über die Worte: »Ich bin Gott. Ich bin Unendliche Glückseligkeit. Ich bin Unendliches Wissen. Ich bin namenlos und ohne Form. Ich bin Eins! Ich bin Er.«

Stunde um Stunde ging dahin. Der Tag wurde zur Nacht; die beiden meditierten noch immer. Der Mond stieg höher und höher. Die Nacht ging zu Ende. Die Sonne ging wieder auf; doch die beiden heiligen Männer meditierten weiter.

Als die Sonne untergegangen war, und der Mond wieder am Himmel stand, rief Ramakrishna plötzlich: »Ich kann über diesen Punkt nicht hinauskommen.«

»Warum nicht?« fragte der Lehrer.

»Die Göttliche Mutter steht vor mir. Ihr will ich in Verehrung dienen. Ich will das Einssein nicht erreichen.«

»Warum diese Schwäche? Willst du ewig ein Kind bleiben? Beginne von neuem!«

Wieder sangen sie das Mantram der Einheit und versenkten sich in Meditation. Später schilderte Ramakrishna diesen zweiten Versuch seinen Schülern: »Es gelang mir nicht meinen Geist zu Brahman, dem Absoluten, zu erheben. Ich hatte keinerlei Schwierigkeiten, mein Bewußtsein von allen irdischen Objekten fortzuziehen und freizumachen, aber das altvertraute Bild der Glückseligen Mutter konnte ich nicht aus ihm verbannen. Als lebendige Wirklichkeit stand Sie vor mir und ließ mich nicht weiter vordringen. Sie war alle Namen und Formen! Wieder und wieder versuchte ich, mein Bewußtsein ganz auf Brahman zu richten, mich nur auf ihn zu konzentrieren, aber jedes Mal stand mir das Bild der Mutter im Weg. Verzweifelt wandte ich mich wieder an meinen Guru: 'Es ist hoffnungslos. Ich kann mein Bewußtsein nicht bis zu dem Zustand der Unbedingtheit erheben und von Angesicht zu Angesicht mein Wahres Selbst, das Absolute, schauen.' Unerbittlich erwiderte der Lehrer: 'Was! Du kannst nicht? Du mußt!' Er schaute in der schwach erleuchteten Hütte umher und entdeckte in einer Ecke eine Glasscherbe. Er hob sie auf, drückte sie mir mit der Spitze zwischen meine Augenbrauen und sagte: 'Konzentriere dein Bewußtsein auf diesen einen Punkt!' Mit letzter Entschlossenheit begann ich, wieder zu meditieren. Ich fühlte einen entsetzlichen Schmerz zwischen meinen Augen, und inmitten dieses Schmerzes tanzte wie eine Flamme die Göttliche Mutter in Ihrer gütigen und barmherzigen Gestalt! Jetzt benutzte ich mein Unterscheidungsvermögen. Wie ein Schwert einen Körper in Stücke schneidet, zerteilte ich die Göttin mit meiner Unterscheidungskraft in zwei Teile. Nun stand mir nichts mehr im Weg. Im selben Augenblick überschritt ich die Welt des Relativen, mein Geist schwang sich über den Bereich von Name und Form empor, jenseits von Leid und Freude fand ich mich Eins mit dem Absoluten. Vor dieser höchsten Ekstase verlöschten alle Gedanken und jede Sinneswahrnehmung. Mein Körper wurde starr wie ein Leichnam. Das ganze Universum entschwand meinem Blick – ja der Raum selbst war verschwunden. Alles war zu Ideen reduziert, die wie Schatten über dem Schweigen des Bewußtseins lagen. Nur ganz schwach wiederholte sich die Wahrnehmung von 'Ich, Ich' in dumpfer Monotonie. Meine Seele war zum Selbst der Wirklichkeit geworden, jegliche Dualität von Subjekt und Objekt war ausgelöscht. Mein Selbst kannte keine Grenzen mehr. Alles Leben war eine einzige Unendliche Glückseligkeit!

Jenseits aller Worte, jenseits faßbarer Erfahrung und jenseits allen Denkens! Selbst wenn man diesen Zustand Freiheit nennen wollte, so hieße das, ihn in seiner Bedeutung einzugrenzen.«

Von diesem Tag an nannte ihn Totapuri: Ramakrishna Paramahamsa, den Herrn und höchsten Meister. Seinem Beispiel folgend nennt ihn heute ganz Indien so. Einige Wochen nach diesem großen Ereignis ging Totapuri fort wie er gekommen war, ungekannt und ungesehen von der breiten Masse. Er hatte seine Aufgabe erfüllt. Ramakrishna aber bezeugte ihm, den er »Nanga« (den Unbekleideten) nannte, zeitlebens seine Dankbarkeit.

Damals veränderte sich Ramakrishnas Aussehen. Zuerst wandelte sich der Ausdruck seines Gesichts. Es begann immer mehr wie eine Maske zu wirken, aber in seinen Augen leuchtete jetzt ein neues, sehr ruhiges, doch »in Liebe brennendes« Licht. Im Gegensatz zum Ausdruck seiner »jungen Augen« schien sein Gesicht um vieles gealtert. Die Leute sagten: »Er hat aufgehört, in seinem Gesicht zu leben; an seinen Augen kann man erkennen, daß er jetzt einzig und allein in seiner Seele lebt.«

Aber nicht allein sein Gesicht, auch sein starker, athletischer Körper, einst so gewandt und flink, hing nun nur noch wie eine Hülle um ihn, die er sauberhielt und mit sich herumtrug. Genau diesen Eindruck bekommt man, wenn man die Fotografien von Ramakrishna im Heiligtum des Klosters betrachtet.

Jetzt trat der Unterschied zwischen seinem inneren Wesen und seiner äußeren Erscheinung klar hervor. Saradananda berichtet: »Was seinen Körper betrifft, so war er sich irdischer Angelegenheiten nicht bewußt. Meist merkte er nicht, ob er Kleider trug oder nicht. So mußten seine Schüler darauf achten, daß er vollständig bekleidet war. Wenn er auch regelmäßig badete und seinen Körper wusch, so kam es einem Außenstehenden vor, als kümmerten ihn solche Dinge überhaupt nicht.« So sehr war er von seinem Körper gelöst, daß er ihn nicht einmal als Last empfand. Er lebte in ihm wie ein Stück Holz, das in einem Fluß dahintreibt, oder besser: er lebte in seinem Körper, so wie das Feuer im Holz. Doch sobald er von Gott sprach, begann jede seiner Poren zu leuchten. »Heiligkeit strahlte von ihm aus, wie der Duft von Blumen.«

Einer von denen, die Ramakrishna kannten, sagte zu mir: »Weder du noch sonst irgendjemand, der ihn niemals gesehen und ihn niemals sprechen gehört hat, vermag aufgrund der Betrachtung einer Fotografie des Meisters die Flamme zu ahnen, die er war. Auf einer Fotografie siehst du nur seine Asche und nicht das Feuer seiner Spiritualität, das sich von Seele zu Seele über ganz Indien ausbreitete. Wenn man ihn still und unbeweglich sitzen sah, dann schien er so leblos wie dieses Bild. Doch wurde in seiner Gegenwart der Name Gottes genannt, so verlor er all seine Körperlichkeit. Du wunderst dich? Wie kann ich es anders schildern? Wenn du dir einen Menschen vorstellen kannst, der ganz in das Kleid der Ekstase gehüllt ist, der nicht mehr Fleisch und Knochen ist, sondern nur strahlendes Licht, dann hast du ihn wirklich geschaut. Ja, manchmal wurde das Leuchten, das von ihm ausging, so hell, daß wir alle unsere Gesichter abwenden mußten. Dies mag jenen seltsam erscheinen, die nichts von den Gesetzen des Gott-Bewußtseins wissen. Und doch ist es ganz natürlich, daß allein das Aussprechen des Namens Gottes eine Seele in Ekstase versetzen kann. Ramakrishna konnte selbst durch ein zufälliges Wort, durch den Anblick eines Gesichtes, das Fluten des Ganges oder ähnliche alltägliche Vorgänge in Verzückung geraten.«

In dieser Zeit änderte sich seine Haltung zu seiner Frau. Er bat sie, ihre Einsamkeit aufzugeben und den Turm zu verlassen, um bei ihm zu leben. Von nun an sorgte sie für ihn und seine Schüler. Das war keine leichte Aufgabe. Sie mußte das Haus in Ordnung halten und Unterricht geben. Sie nahm sich seiner Schülerinnen an, als wären sie ihre eigenen. Daneben hatte sie über die richtige Art und Zubereitung der Nahrung zu wachen, die Ramakrishna und seine »Söhne« brauchten.

Eines Nachmittags war Ramakrishnas erster Schüler Brahmananda nicht so tief wie sonst in Kommunion mit Gott gewesen. Sehr beunruhigt suchte der Meister nach dem Grund dafür. Nach wenigen Augenblicken des Nachdenkens sagte er plötzlich: »Ich weiß, es lag an seinem Essen!« Er lief zum Fuße des Turms, um die heilige Mutter zu fragen. »Was hast du in sein Essen getan? Die Seele meines Sohnes ist voller Trägheit. Er scheint verbotene Nahrung gegessen zu haben. Was gabst du ihm?« Vom Turmfenster herab antwortete sie: »Herr, da ich dachte, es würde seinem Körper gut tun, gab ich etwas mehr Butter in sein Essen hinein. Verzeih mir.« Über dieses Geständnis lachte Ramakrishna hellauf. Er war froh, daß nur ein paar extra Stückchen Butter und nicht grober Materialismus die Seele seines Schülers beschwert hatten.

Während Sarada für Nahrung und äußeres Wohl des Meisters und seiner Schüler sorgte, wurde sie von

Ramakrishna in der Kunst der Meditation unterwiesen. Die Legende berichtet, daß er gleich zu Beginn ihrer Einführung in den Advaita-Yoga, in das Wissen um das Einssein, erkannte, daß sie durch eigene Anstrengung auf dem Pfad des Sadhana, der Gottesverwirklichung, weit fortgeschritten war. In kurzer Zeit gelangte sie unter seiner Führung zur Erleuchtung. Dann lehrte er sie alles, was er selber wußte. Es gab nichts, was sie nicht erfassen konnte. Trotz ihrer Zurückgezogenheit breitete sich ihr Ruf unter den Hindufrauen von Jahr zu Jahr weiter aus. Die einen kamen zu ihr mit ihren Sorgen, die anderen in ihrer Sehnsucht nach der Verwirklichung eines spirituellen Lebens. Viele kamen, ihren Segen zu erbitten, denn sie glaubten, sie hätte die Kraft, Wunder zu tun. So bildete sich um Sarada jener Kreis mutiger und tief religiöser Frauen, die die indische Gesellschaft von innen heraus zu reformieren begannen.

Nach Ramakrishnas Tod fiel die ganze Führung, selbst die der männlichen Schüler, in ihre Hände. Sie alle nannten sie ihre Mutter, so wie sie Ramakrishna ihren Vater nannten. Das Volk faßte dies in einen wunderschönen Satz: »Ramakrishna hinterließ einen Adlerhorst voll junger Adler. Seine Witwe, die heilige Mutter, behütete und beschützte sie, bis sie gelernt hatten zu fliegen.«

Da ihr Leben einzigartig war, kann es nicht auf wenigen Seiten beschrieben werden. Sarada starb im Jahr 1920, doch erst letztes Jahr ist es den Biographen gelungen, das für eine Lebensbeschreibung notwendige Material zusammenzustellen. Alle stimmen darin überein, daß ihre Lebensgeschichte ein fast ebenso interessantes und wertvolles Dokument der Spiritualität sein wird wie die Beschreibung des Lebens von Ramakrishna.

Ramakrishna und die Religionen

Nachdem Ramakrishna ein Meister geworden war, strömten, wie Bienen vom Duft der Blüten angezogen, eine Menge frommer Menschen zu ihm, um seine Lehre zu hören. Sie kamen aus allen Schichten der Gesellschaft und des religiösen Lebens. Sozialreformer, Universitätsstudenten, Brahmanen, Rajas, Handwerker, Bauern, Buddhisten, Christen und Moslems – sie alle strömten nach Dakshineswar. Viele kamen aus Neugier. Einige wurden von der Sehnsucht hergeführt, die neue Religion des neuen Lehrers anzunehmen. Aber jeder, der mit Ramakrishna sprach, erkannte, daß er keine neue Lehre zu verkünden hatte. Was er sagte, klang einfach, fast alltäglich. Und doch fühlte jeder, daß alles, was er sagte, nichts war im Vergleich mit dem, was er offensichtlich verschwieg.

»Es war sein Wesen«, erzählte einer seiner Besucher, »das uns ergriff. Die Kraft seiner spirituellen Verwirklichung war stark wie die Ausstrahlung eines Tigers. Wie im Urwald beim Nahen des Tigers selbst die Blätter in ihrer Bewegung erstarren, so wirkte auf uns die Gegenwart des Meisters. Wenn wir ihn verlassen hatten und wieder zu Hause waren, begriffen wir erst wirklich, was er für unsere Seelen getan hatte. Tagelang waren wir nicht mehr dieselben Menschen.«

Es wurde schon gesagt, daß zu den Besuchern Ramakrishnas auch Christen und Moslems zählten. Sie wollten sehen, was für ein Mensch »der Heide Ramakrishna« war. Natürlich vermochten viele von ihnen nur den religiösen Menschen in ihm zu erblicken. Ein Christ aber erkannte in ihm den großen Lehrer. Und er ging noch weiter; denn er sagte zu Ramakrishna: »Du bist für mich das lebendige Zeugnis meiner eigenen Religion.«

»Welcher Religion gehörst du an, mein Sohn?« fragte der Meister.

»Dem Christentum, verehrter Herr«, antwortete der Mann.

Da sagte Ramakrishna: »*Yata mat tata path* – soviele Seelen, soviele Wege zu Gott ... Aber ich habe mich bis jetzt noch nicht mit deiner Religion befaßt, nun will ich es tun.«

So studierte Ramakrishna von diesem Tage an zwei Jahre lang die Lehre des Christentums. Da er kein Englisch konnte, ließ er sich das Neue Testament übersetzen und immer wieder vorlesen. Mit der Zeit übte es einen so starken Eindruck auf ihn aus, daß er begann, über Christus zu meditieren. Er lebte wie ein christlicher Eremit, ganz allein in den herrlichen Wäldern von Panchavati. Eines Tages, es waren viele Monate vergangen, kam er zurück und erklärte: »Am Ende des christlichen Weges habe ich Gott gefunden. Wer Christus folgt, wird zu Gott gelangen; ich habe es selbst erfahren.«

Ein anderes Mal sagte ein moslemischer Besucher zu Ramakrishna: »Du bist der frömmste Moslem, den ich kenne!« Diese Worte erweckten das Interesse des Meisters. Er beschloß, sich für einige Zeit dem Studium des Islam zu widmen und ließ sich von moslemischen Lehrern in ihre Religion einführen. Dann begab er sich wieder in die Einsamkeit von Panchavati, um über die Lehre des Koran zu meditieren. Monate vergingen. Dann kam er aus der Einsamkeit zurück mit den Worten: »Auch dieser Weg führt zu dem Palast desselben Königs. Die Religionen sind nur in ihrer äußeren Form verschieden, in ihrer Essenz sind sie vollkommen identisch. Gleichgültig, welchen Weg du gehst, am Ende wird er dich immer in Seine Gegenwart führen: dem Ende von allem!

Wie die Flüsse mit ihrem verschiedenfarbigen Wasser sich ihren Weg zum Meer bahnen und sich in dem einen smaragdfarbenen Meeresspiegel verlieren, so verlieren sich auch alle Religionen, mögen sie auch noch so sehr von Dogmen überladen sein, in der ruhigen und gelassenen Klarheit Gottes. Da die Religionen nur das Werkzeug sind, um Ihn zu finden, ist es sinnlos, über ihre jeweiligen Vorzüge und Schwächen zu streiten. Dies bringt dich nicht einen Schritt voran.«

Von diesem Zeitpunkt an waren sich die Menschen aus der Umgebung Ramakrishnas der Tatsache bewußt, daß er ein »universeller« Heiliger geworden war. Ein englischer christlicher Missionar, der die verschiedensten Berichte über Ramakrishna gehört hatte, suchte ihn auf, um sich ein Bild von ihm zu machen. Nach der Legende war ein Dolmetscher in seiner Begleitung. Dieser sonnenverbrannte, rotgesichtige Europäer hatte sich eben auf seinem Sitz niedergelassen, als er die Worte vernahm: »Ich verehre Jesus Christus als eine Inkarnation Gottes.« Das Unvermutete dieser Äußerung verwirrte den Missionar und er fragte: »Was weißt du über Ihn?«

Ramakrishna sagte: »Ich habe Christus in meinen Meditationen gesehen. Sein Schutz ist wie ein Schirm über euch. Unter diesem Schirm seid ihr Christen alle sicher vor der Sonne des Materialismus und dem Regen der Sünde.«

Der Missionar fragte weiter: »Gibt es noch andere, unter deren Schutz sich die Menschen stellen können? Gibt es noch andere Schutzschilde?«

Ramakrishna antwortete: »Ohne Zweifel! Es gibt die Obhut der Propheten, die vor Christus waren, und es gibt noch andere Inkarnationen Gottes, die beständig über ihre Gläubigen wachen. Sie sind ebenso wirklich wie euer Herr.«

Darauf erwiderte der Missionar: »Du irrst, es gibt nur einen Sohn Gottes«, und ging fort.

Wenig später kam ein dem christlichen Glauben angehörender Inder mit Namen Prabhudayal Misra zu Ramakrishna. Misra war ein frommer Christ; und es hieß, er sei ein Heiliger.

Kaum daß er Ramakrishna gegenüber Platz genommen hatte, sagte er: »Es ist der Herr, der aus jedem Geschöpf strahlt.«

Der Meister antwortete sehr langsam: »Der Herr ist Einer, aber mit tausend verschiedenen Namen wird Er benannt.«

»Ich glaube, daß Jesus Gott selbst ist!«

Da fragte ihn Ramakrishna: »Hast du jemals Visionen gehabt?«

Der fromme christliche Mann antwortete: »Früher sah ich für gewöhnlich ein strahlendes Licht; aber später schaute ich Christus. Seine Herrlichkeit kann nicht mit Worten beschrieben werden. Weder die Schönheit einer Frau, noch die eines Mannes, noch die irgendeines irdischen Dinges kann dieser Schönheit gleichen, wenn das Unsichtbare die Schleier des Sichtbaren zerreißt und sich selbst offenbart.«

Ramakrishna verharrte in Schweigen. Auch Misra schwieg, wie die Übrigen, die bei ihnen saßen. Keiner sagte ein Wort.

Stunden schienen zu vergehen. Misra fühlte die starke Ausstrahlung des Meisters. Er stand auf, um zu gehen und sagte: »Ich fühle dieselbe Kraft in dir, die ich in der Vision im Gesicht meines Heilands wahrnahm. Kannst du mir sagen, ob es da einen Unterschied gibt?«

Es heißt, Ramakrishna habe daraufhin geantwortet: »Es gibt nur Eine Flamme, die Augen der Menschen sehen sie in verschiedenen Farben.«

Da rief Misra: »Alles möchte ich dir hingeben und dir nachfolgen.«

Ramakrishna verbot es ihm: »Nein, folge du deinem ureigenen Weg. Das Licht, das du jetzt schaust, wird vor der Helligkeit des Lichts verblassen, das du schauen wirst, wenn du weiter vorwärts schreitest. Gehe weiter auf deinem Weg und ruhe nicht, bevor das Ende erreicht ist.«

Es ist wichtig, sich vor Augen zu halten: Ramakrishna gehörte keiner bestimmten Glaubensrichtung an. Er predigte keine Religion. Sein Leben war so, daß es zum Zeugnis der inneren Wahrheit aller Religionen wurde. Und was noch wichtiger ist: jeder Mensch muß aus seinem eigenen Erbe und aus seiner einzigartigen Veranlagung heraus ein eigenständiges, vollwertiges spirituelles

Leben entwickeln. Ramakrishna war von seinem Erbe her ein Hindu, und doch war sein Seelenerleben von einer solchen Dimension, daß es die Grenzen jeder Religion überstieg. Er lebte so, daß, durch sein Beispiel angeregt, der Moslem ein besserer Moslem, der Christ ein besserer Christ und der Buddhist ein besserer Buddhist wurde. Dies war nicht das Ergebnis eines wahllosen Eklektizismus, sondern dies waren die Früchte der wahren Verwirklichung, die Ramakrishna nach langen Jahren spiritueller Erfahrungen in all diesen Religionen erlangt hatte. Ramakrishna drang nicht nur zum inneren Kern der großen Religionen vor, sondern er erkannte auch das wahre Wesen der kleineren Glaubensschulen. Auch die Erleuchtungserlebnisse, die einige kleine Sekten ihren Anhängern versprachen, erlangte er. Einmal verbrachte er einige Monate als Vaishnava, als ein Verehrer Vishnus, des Erhalters der Welt. Ein anderes Mal ließ er sich in die Mysterien der Verehrung Ramas einweihen und beschritt den Rama-pantha, den Rama-Weg. Einer der großen, Rama verehrenden Heiligen des Mittelalters war Tulsidas, dessen mystisches Werk Ramayana von Müttern ihren Kindern, von Geistlichen ihren Gläubigen und von vielen Mystikern ihren Schülern vorgesungen wird.

Nachdem Ramakrishna die Ekstasen der Vishnu- und der Rama-Verehrer selbst erfahren hatte, sagte er: »Ich ging zwei verschiedene Wege, aber am Ende stand ich vor demselben König.« Trotzdem hielt Ramakrishna daran fest, daß jene, die Gott Rama nennen, dies weiterhin tun sollten, ebenso wie jene, die Ihn Vishnu, Jehova, Christus oder Nirvana nennen.

Einst wurde Ramakrishna von einem seiner Schüler gefragt: »Wenn all diese Namen nur den Einen Herrn bezeichnen, warum sollte man dann nicht auch nur einen Namen gebrauchen? Warum sollen die Sekten ihre eigenen Namen behalten?« Als Antwort erzählte der Meister eine Geschichte: »Als Rama, die Verkörperung Gottes, in Schwierigkeiten geraten war, suchte sein frommer Diener und Verehrer, der Affe Hanuman, einen Weg, seinem Herrn zu helfen. Aber er vermochte es nicht ohne die Hilfe Garudas, des Donnervogels, der ein Freund und Diener Vishnus war. Nachdem Garuda geholfen hatte, bat Garuda Rama, er möge sich ihm doch in der ihm vertrauten Form offenbaren. Da verwandelte sich Rama in Vishnu. Garuda brachte Vishnu ein Verehrungs- und Dankesgebet dar, dann schwang er seine strahlenden Flügel und flog davon in das Schweigen des Himmels. Sogleich verwandelte sich Vishnu wieder in Rama und fragte Hanuman den Affen, ob er den Herrn in Vishnus Gestalt verehren könnte. Mit Tränen in den Augen und einer von Liebe erfüllten Stimme antwortete Hanuman: '*Shri-natha janaki-natha* – ich weiß, daß beide Formen dem Einen Geliebten gehören. Mir aber bedeutet Ramas Gestalt alles. Zu Ramas Füßen nehme ich meine Zuflucht; Rama ist der Kelch meiner Erlösung. Oh mein Geliebter, wende nicht ab von meinen Augen Ramas Antlitz!'«

So gab Ramakrishna mit dieser Geschichte seinem Schüler die Antwort: »Jeder Seele ihr eigenes Gottesbild!«

Nach der Legende soll Ramakrishna jenen, die ihn nach seiner Meinung über die großen Weltreligionen fragten, folgende Antwort gegeben haben: »Was in den heiligen Büchern steht ist richtig. Gott verkörpert sich unter den Menschen unabhängig von den Gesetzen von

Zeit und Raum. Wenn die Rechtschaffenheit zu Tode gesteinigt wird und die Ungerechtigkeit die Erde beherrscht, dann wird Er unter den Menschen als Mensch geboren, um die Wahrheit, die Liebe und die Weisheit wieder zum Sieg zu führen. Buddha, Jesus, Mohammed und Krishna waren solche Inkarnationen Gottes.«

»Wird es auch in Zukunft solche Inkarnationen geben?«

Ramakrishna antwortete: »Ja, wie könnte es anders sein. Wer sind wir denn, daß wir die Tür der Zukunft vor dem Antlitz des nahenden Gottes verschließen könnten! Die Zukunft ist voller Wunder. Wenn aus diesem Schoß Schurken und Bösewichter hervorgehen können, weshalb sollte nicht ein Gott aus ihm geboren werden können? Er wird wieder und wieder auf die Erde kommen, sei es in Gestalt eines Mannes oder einer Frau. Er wird immer kommen, wenn die Menschen Ihn brauchen.«

Dieselbe Legende gibt uns ein Beispiel dafür, wie Ramakrishna Textstellen des Neuen Testaments erklärte. Einige seiner Besucher erhoben Einwendungen gegen die Seligpreisung der Leidtragenden und der Armen im Geiste.

Sie sagten: »Was soll dies im mystischen Sinn bedeuten? Vom Verstand aus gesehen, sind sowohl die Leidtragenden wie die Armen im Geiste doch nur ein Häufchen Elend.«

Der Meister gab zur Antwort: »Unter dem Blickwinkel der Verwirklichung betrachtet ist es aber die Wahrheit, daß sie selig zu preisen sind. Nimm an, du sehnst dich tagein, tagaus nach Gott. Nun, stell dir eine Katzenmutter vor, der ein dummer Junge die Kleinen aus dem Korb nahm und sie irgendwo hinsetzte. Jammert sie etwa nicht, bis ihr klägliches Miauen auch das letzte der Kleinen erreicht hat, und es ihr Antwort gibt? So finden sie in kurzer Zeit wieder zusammen. Nicht anders verhält es sich mit jenem, der nach Gott schreit und wehklagt. Das Unendliche ist sein verlorenes 'Kind'. Er muß weinen und klagen, bis das 'Kind des Schweigens' ihm antwortet und sich dem Suchenden offenbart. Unzählige Menschen haben auf diese Art Gott gefunden.

Ebenso verhält es sich mit den Armen im Geiste. Sie sprechen zu Ihm: 'Du bist grenzenlos. Du hast mich als ein Nichts erschaffen. Ich will keine Reichtümer und keine Ehre; allein nach dem grenzenlosen Reichtum Dich zu schauen verlangt mich.' Wenn sie wirklich nicht darin nachlassen, so zu denken und zu beten, dann werden sie Ihn nach kurzer Zeit finden, und plötzlich wird ihr Nichtssein zum allesumfassenden Nichtssein Gottes. Gott ist wie der Hohlraum einer Tasse. Es ist der Hohlraum, der mit Wasser gefüllt werden kann. Nenne Ihn 'Nichts', und sieh: Er enthält alles. Nenne Ihn 'Alles', und Er ist augenblicklich deiner Definition entwichen, wie ein Singvogel aus seinem zerbrochenen Käfig, und frei verkündet Er Seine ewige Heimatlosigkeit in den Dingen.

Oh nein, du darfst nicht bei einer intellektuellen Kritik der Worte stehenbleiben, die eine Inkarnation Gottes über die Armen im Geiste sprach! Du mußt über ihre Worte meditieren, und zwar so lange, bis du die Worte in Stücke reißt und mit dem Auge der Verwirklichung ihre darunterliegende wahre Bedeutung erkennst. Die Verkörperungen Gottes sprechen niemals nur eine Sprache, sie benützen immer zwei – die Sprache des

Klanges und die Sprache des Schweigens: die der Vision und die der Verwirklichung!«

Es ist bedauerlich, daß Ramakrishnas Erklärungen zum Neuen Testament, zum Koran und zu anderen heiligen Schriften nicht erhalten geblieben sind.

Ramakrishna und der orthodoxe Hinduismus

Als Ramakrishna etwa sechsunddreißig Jahre alt war, begann er seine religiösen Erfahrungen denen zu erläutern, die ihn darum baten. Jetzt, da er selbst die höchste Erleuchtung empfangen hatte, hoffte er, neben seiner Frau, auch andere wahrhaft Suchende auf den Weg zur Erlösung zu führen.

Aber wirklich ernsthaft suchende Menschen sind selten. Die am Anfang zu ihm kamen, waren Gesellschaftsverbesserer, orthodoxe Brahmanen oder sich engherzig ans Ritual Klammernde, die sich seine Hilfe für ihre eigenen, persönlichen Interessen erhofften. Sicher waren es in ihrer Frömmigkeit engagierte Menschen, doch sie legten mehr Wert auf den Buchstaben als auf den Geist der religiösen Riten. Ramakrishna tadelte sie unbarmherzig. Ebenso streng rügte er jene Gesellschaftsverbesserer, die den Hunger der Seele nach Gott durch ein verwickeltes philosophisches System der Humanität zu stillen versuchten. Die streng Orthodoxen baten Ramakrishna, einem Kreuzzug für die »Rechtgläubigkeit« zu führen, während die sogenannten »Emanzipierten« ihn an ihre Sache – die Freiheit – anketten wollten. Es war kein Wunder, daß er, der die ganze Wahrheit erfahren hatte, den Verehrern halber Wahrheiten keine Unterstützung geben konnte. Immer wieder lehrte er: »Die Religion ist ein Pfad, der dich zu Gott führen soll. Ein Weg ist keine Bleibe; du sollst dich nicht wie ein Ladenbesitzer mit seiner Ware am Rand des Weges niederlassen, die Waren der anderen schlecht machen und deine eigenen anpreisen. Du mußt auf diesem Weg voranschreiten! Gehe ihn bis an sein Ende und schaue Ihn, den Endlosen. Er allein kann euren dauernden Streitereien ein Ende bereiten.«

Man sollte annehmen, daß Ramakrishnas strenge Urteile die Menschen davon abgehalten hätten, zu ihm zu kommen. Aber im Gegenteil, immer mehr strömten herbei, um ihn zu sehen.

Was hatte nun Ramakrishna jenen frommen Hindus zu sagen, deren religiöse Ernsthaftigkeit nicht bezweifelt werden konnte, und deren Strenggläubigkeit das Licht ihrer Seele noch nicht verdunkelt hatte? Nach der Überlieferung soll Ishan Mukherjee, ein sehr reicher und wohltätiger Brahmane, einer von ihnen gewesen sein. Ishan hing mit ganzem Herzen am Karma-Yoga, der Verwirklichung des Heils durch Taten. Sein ganzes Leben hatte er dem Dienst am Nächsten geweiht. Galt es ein Krankenhaus zu bauen, ein Waisenheim zu erhalten oder Ähnliches zu leisten, so fand die Gemeinde in Ishan einen stets bereiten und warmherzigen Helfer. Seine Wohltätigkeit kannte keine Grenzen. Er war ein strenggläubiger Brahmane im wahrsten Sinn des Wortes: er lebte nicht für sich selbst, sein Leben stand ganz und ausschließlich im Dienste derer, die ihn brauchten. Seine Umgebung hielt ihn für einen Auserwählten Gottes.

Er selbst aber zweifelte an seiner Berufung. Um herauszufinden, welcher wirklich der richtige Weg zum Heil sei, suchte er eines Nachmittags den Heiligen von Dakshineswar auf. Er fand Ramakrishna auf einer der Treppen am Gangesufer zu einer kleinen Gruppe von Schülern sprechend, während sich auf dem Ganges die türkis- und ockerfarbenen windgeblähten Segel der Boote gegen das leuchtende Gold der Abenddämmerung abhoben.

Ishan verbeugte sich vor dem Meister und nahm den Staub von seinen Füßen. Daraufhin schwiegen alle.

Da allein Ramakrishna das Privileg hatte, das Schweigen zu brechen, fragte er schließlich: »Was führt dich zu mir, Brahmane?« Ishan antwortete: »Die Suche nach dem Heil, Herr. Ich tue alles, was die heiligen Schriften (Shastras) vorschreiben und beachte alle Rituale. Aber das Wissen, das ich suche, steht nicht in Büchern. Es lebt im Tigerrachen einer verwirklichten Seele.«

Ramakrishna, so erzählt die Legende weiter, antwortete nicht sogleich. Da die Stunde der Arati nahte, erhob er sich und ging in den Tempel der Kali. Auch die anderen entfernten sich; Ishan blieb allein zurück und begann, seine Gebete zu sprechen. Die Sonne ging unter. Die Boote, der Fluß und das gegenüberliegende Ufer versanken langsam in der dunklen Stille der Nacht. Plötzlich, wie ein Schwarm aufsteigender Vögel, entfalteten die Sterne ihre silbernen Flügel am nächtlichen Himmel.

Etwa eine Stunde später, als der Mond langsam aufzusteigen begann, kehrte Ramakrishna aus dem Tempel der Kali zurück. Er wandte sich zu dem wartenden Ishan: »Rituale und zur Gewohnheit erstarrte Kulte der Verehrung sind nutzlos, wenn sie nicht das Herz des

Betenden mit Freude erfüllen. Wie mit dem Erscheinen der Frucht die Blüten vom Baum fallen, so müssen Gebete und rituelle Übungen wie Fesseln von einer befreiten Seele abfallen. Die Erlösung ist für die Seele das, was für den Gefangenen die Freiheit ist.«

»Aber kann das Heil nicht auch im Karma-Yoga, dem Vollbringen guter Werke liegen?« fragte der Brahmane Ishan.

Ramakrishna erwiderte: »Auf allen Pfaden ist das Heil zu finden, gleichgültig ob es sich um den Weg der Taten, den Weg des Wissens, oder den Weg der Liebe handelt.«

Ishan rezitierte aus den heiligen Schriften: »Wer Mich immerwährend und unerschütterlich liebt, wird Mich erkennen. Wer Mich, das ewige Samenkorn, das in allem Seienden blüht, mit ungebrochenem Erkenntniswillen sucht, wird Mich, das Ende aller Erkenntnis, finden. Wer ohne Wunsch nach eigenem Verdienst gute Werke tut, wird Mich, den Vollender aller Taten, finden.«

Nach der Legende soll Ramakrishna daraufhin gesagt haben: »Ja, Ishan, die heiligen Schriften verkünden die Wahrheit. Doch wie wenige Menschen gibt es, die nur um der Vollendung ihres Tuns willen, absichtslos und nicht aus Hoffnung auf irdische Verdienste und Vorteile handeln! Und auch der Erkenntniswille, wenn er nicht einer Lampe gleicht, deren Flamme von einer brennenden Sehnsucht nach der unendlichen Erkenntnis des Unendlichen Gottes genährt wird, kann die Seele nicht erlösen. Ebenso verhält es sich mit der Liebe zu Gott; ist sie nicht gleich der Stimme eines Vogels von der heftigen Sehnsucht nach Ihm erfüllt, so kann sie nicht die vollkommene Melodie des Heils singen. Der Erkenntniswille, das Handeln und die Liebe, sie alle müssen völlig selbstlos sein, um das Selbst Gottes finden zu können.«

Leise sprach Ishan vor sich hin: »Gleichgültig, welchen Pfad eine Seele geht, immer ist er mit den Dornen und den Steinen der Selbstaufgabe übersät.«

»Unabhängig davon, welchen Weg die Seele beschreitet, den des Handelns, den der Erkenntnis oder den der Liebe, sie muß sich der Tigerpranke der Unterwerfung beugen bis zum Ende: dem Endlosen«, betonte Ramakrishna.

»Was soll ich tun?« jammerte Ishan.

Sanft antwortete Ramakrishna: »Hast du schon einmal die ruhig aufsteigende Flamme einer Kerze betrachtet? Bereits beim leisesten Windhauch flackert sie hin und her. Ebenso subtil ist die Aufgabe, Gott zu suchen. Wie selbstlos deine guten Werke auch sind – äußerlich mögen sie vollkommen erscheinen –, wenn sich in deinem Innern auch nur der Schatten eines selbstsüchtigen Wunsches oder einer Begierde regt, so wird deine Gottesverwirklichung wie eine Kerze vom Wind ausgelöscht.«

»Wie aber kann man so vollkommen von allen Wünschen und Begierden frei werden?«, fragte Ishan.

Ramakrishna sagte: »Höre nicht mehr auf die Schmeicheleien der Priester. Glaube auch nicht einen Augenblick, du könntest mit deinen guten Werken irgend jemandem Gutes tun. Beginne ganz von vorn. Entäußere dein Tun von jedem selbstsüchtigen Gedanken, indem du dein Denken reinigst. Mehr noch: säubere auch deine Träume von jeder Selbstsucht. Sogar wenn der Mensch schläft, stiehlt sich die Begierde in ihn. Ich habe es selbst erlebt. In der ersten Zeit meiner spirituellen Übungen konnte ich, so sehr ich auch mein Wachbewußtsein von allen egoistischen Gedanken befreit hatte, meinen Schlaf nicht aus der Verstrickung mit ihnen lösen. In meinen Träumen schlichen sich immer wieder Wünsche in mein Ich. Es dauerte Jahre, bis ich schließlich zu vollkommener Reinheit gelangte. Du wirst deine Seele auch nicht um die Breite eines Kinderfußes Gott näherbringen, wenn du in deinen Träumen nicht genauso selbstlos wirst wie in deinem Denken. Die Art und Weise, in der die meisten Menschen nach der Erkenntnis und Liebe Gottes suchen, ist eine Schande. Sie halten Ihn für hungriger, als den niedrigsten Bettler vor ihrer Tür, der schon mit einer Handvoll der geringsten Gabe leicht zufriedenzustellen ist. Oh nein, Er läßt sich nicht mit kleinen Opfern täuschen, solange noch die Wünsche nach irdischem Verdienst durch die Gedanken und Träume des Menschen trampeln wie eine Elefantenherde durch den Dschungel. Glaubst du etwa, du könntest Gott befriedigen, indem du Ihm nur einen Teil deines Selbst darbringst? Er, der Unendliche, akzeptiert nur das Unendliche in dir.«

»So genügt unsere Reinheit in den wachen Augenblicken nicht«, unterbrach ihn Ishan. »Auch im unbewußten Schlaf müssen wir frei von Begierde sein. Wie kann man eine so vollendete Reinheit erlangen?«

»Bete und meditiere«, erwiderte Ramakrishna. »Handle nur in den Grenzen deiner gereinigten Gedanken und Träume. Vermeide jede Handlung, die auch nur im geringsten ichhaft sein könnte. Höre auf, Hospitäler, Waisenhäuser und andere wohltätige Einrichtungen zu bauen. Strebe nicht länger danach, dir durch riesige Taten selbst zu schmeicheln. Vollbringe nur solche wohltätige Dinge, die so wenig auffällig sind wie deine Selbsthingabe an Gott. Im gleichen Maß, wie deine Selbstlosigkeit und Reinheit zunimmt – und Angelegenheiten der Seele wachsen sehr schnell – werden sie ihren eigenen Weg durch die materielle Welt finden und zum Segen für andere werden, so wie der Ganges seinen Weg in das harte Felsgestein des Himalaya eingräbt und tausenden von Meilen Land sein befruchtendes Wasser zuführt.«

»Kann ich sonst noch etwas tun? Soll ich irgendwelche Bücher studieren? Mich in der Liebe zu Gott üben?« fragte Ishan in einem Atemzug. Der Meister lächelte über seine atemlose Eile.

»Warum solltest du, weil du dich nach Gott sehnst, alle harmlosen Freuden aufgeben? Lies alles, was du willst; umfasse mit Liebe alles, was du vermagst; nur sieh zu, daß du durch alles selbstloser wirst. Und wenn du dann eines Tages Eins mit Ihm geworden bist, dann wirst du erkennen, wie sehr Er ein jedes Buch über alle Maßen überragt. Er ist Unendliches Wissen und Allesumfassende Liebe. Schließt dein Gott, den du durch gute Taten zu verwirklichen suchst, Weisheit und Liebe aus, dann ist er ein falscher Gott. Gott beinhaltet und umfaßt alles. Nur eines schließt Er aus: den Wunsch nach irdischen oder himmlischen Verdiensten. Verzichte auf jeglichen irdischen Erfolg, gib selbst die Hoffnung auf Svarga, die himmlische Glückseligkeit, auf.«

»Aber warum, Herr?« fragte Ishan bestürzt.

»Du hast viel gelesen und solltest wissen, was die Schriften hierüber lehren«, erwiderte Ramakrishna.

Nach einigem Nachdenken erinnerte sich Ishan an einen Vers der Gita, in dem die guten Werke verdammt werden, wenn sie um irdischer oder himmlischer Verdienste willen vollbracht werden: »'*Yam imam push-*

pitam vacam ... Menschen, die voller Wünsche den Himmel als höchstes Ziel begehren, werden das Heil nicht erlangen.'

Das habe ich gelesen, Herr; aber ich weiß nicht, was es wirklich bedeutet. Hat es einen tieferen Sinn?«

Ramakrishna sagte: »Wenn von dir verlangt wird, deinen Wunsch, hier auf Erden Krankenhäuser zu bauen, aufzugeben, wie sollte es da richtig sein, daß du dir einen Palast im Himmel wünschst? Wenn die Seuche der Begierde hier auf Erden schon alles zerstört, wie viel größer mag dann ihre verheerende Wirkung erst im Himmel sein!«

»Das verstehe ich nicht, Herr!« rief Ishan aus.

Ramakrishna erklärte ihm: »Wenn du schon dem Streben deiner Seele schadest durch Handlungen, die du um irdischer Verdienste willen tust, dann wirst du ihr unendlich mehr schaden, wenn du um himmlischer Verdienste willen handelst. Selbstlosigkeit ist nicht nur der Weg, das Irdische zu überwinden, sondern auch der Weg, der dich über das Himmlische hinausführt. Wohnt Gott denn etwa nur an einem Ort? Nein! Er kann weder an den Himmel noch an die Erde gekettet werden. Und willst du dich Ihm ganz überantworten, dann mußt du auch dein Verlangen nach den selbstsüchtigen Freuden des Paradieses aufgeben.«

»Was aber wird aus den guten Werken, die wir auf Erden tun? Sind sie überhaupt von Dauer? Was nützen sie, wenn sie uns nicht dem Himmel näher bringen? Ja, können wir überhaupt irgend jemandem etwas Gutes tun?« fragte Ishan erstaunt.

»Nur jene Menschen, die so selbstlos sind wie Gott, tun ihren Nächsten bleibend Gutes. Gott ist grenzenlos und ohne Ende; so ist auch Seine Schöpfung ohne Ende.

Die Werke von Menschen, die ihrem kleinen Ich entsagt haben und in das Selbst Gottes eingegangen sind, können nicht vergehen.

Kein Mensch kann unsterbliche Werke vollbringen, solange er auch nur mit einer Faser an etwas Geringerem haftet als an Purusha (dem Unendlichen). Wenn dein Selbst ganz niedergebrannt und aufgezehrt ist, und Gott vollkommen von dir Besitz ergriffen hat, dann wird jede deiner Taten unsterblich sein. Ob du den Jnana-Yoga, den Weg der Gottesverwirklichung durch Erkenntnis, oder den Karma-Yoga, den Weg der Gottesverwirklichung durch die selbstlose Tat, beschreitest, ein verzehrendes Verlangen nach Gott muß jedem Weg zugrunde liegen. Ohne dieses Fundament ist das Haus der Erkenntnis nur ein endloses Labyrinth der Täuschung und der Tempel der guten Werke nur das Tabernakel der Selbstanbetung. Deshalb gib noch heute Nacht dein Selbst als Opfergabe dem Selbst des Universums hin. Mit diesem Akt der Aufgabe und des Sichüberlassens wirst du beginnen, am Bau des Palasts unsterblicher Werke mitzuarbeiten. Mit diesen deinen todgeweihten Händen wirst du die Burg der Todlosigkeit errichten.«

Ishan war tief bewegt von den letzten Worten des Meisters. Langsam verneigte er sich und nahm den Staub von seinen Füßen. Schweigend schritt er in die mondhelle Nacht hinaus.

Ramakrishna und ein moderner Sozialreformer

Vielleicht ist dem einen oder anderen Leser der Brahmoismus, die indische Unitarismusbewegung, zumindest dem Namen nach bekannt. In der wörtlichen Übersetzung bedeutet er: die Lehre von dem Einen Gott. Seine Bekenner nennen ihre Gemeinschaft Brahmo Samaj, oder: die Gemeinschaft des Einen Gottes. Diese Bewegung entstand kurz vor Ramakrishnas Geburt und erlebte ihre höchste Entfaltung zu seinen Lebzeiten. Einer der größten Brahmos, Keshab Chandra Sen, war ein ergebener Freund des Heiligen von Dakshineswar. Ramakrishnas Unterhaltungen mit Keshab Sen und seine Einstellung zum Brahmoismus geben uns einen weiteren Einblick in die religiösen Auffassungen des Meisters.

Zuvor aber einige Worte über die Geschichte des Brahmoismus und über seinen Gründer Ram Mohan Roy: Während der ersten Jahre der britischen Regierung in Indien trat ein ungewöhnlicher Mann aus den Reihen der Hindus hervor; sein Name war Ram Mohan Roy. Er war einen Meter achtzig groß und stark wie ein

Tiger. Seine geistigen Fähigkeiten waren außergewöhnlich. Bis zu dem Erscheinen von Dayananda, einem Heiligen des Panjab, und zu Ramakrishnas Auftreten, etwa fünfzig Jahre später, trat in Indien keine Ram Mohan vergleichbare Persönlichkeit auf. In den frühen zwanziger Jahren des vorigen Jahrhunderts sah er als Vierundzwanzigjähriger eine Witwenverbrennung (Sati). Eine mit ihm verwandte Witwe wurde zusammen mit dem Leichnam ihres Ehemannes verbrannt. Als gelehrter Brahmane von starkem Temperament und großem Ruf, begann er von diesem Augenblick an die Witwenverbrennung zu bekämpfen. Da ich den Ursprung des Brauches der Witwenverbrennung in meinem Buch »Caste and Outcast« dargelegt habe, gehe ich hier nicht weiter auf ihn ein. Ram Mohan Roy war der erste, der vehement gegen diesen Brauch vorging, indem er eine Bewegung zur Abschaffung der Witwenverbrennung ins Leben rief. Anhand der heiligen Schriften des Hinduismus bewies er, daß in ihnen dieser Brauch keineswegs sanktioniert wird. Da er ein scharfsinniger Sanskritgelehrter war, zog er von Tempel zu Tempel, von Sanskritschule zu Sanskritschule und legte den Priestern und Lehrern die völlig unreligiöse Natur der Witwenverbrennung dar. Entsetzt erkannten alle, daß dieser Jahrhunderte alte soziale Brauch durch keine der heiligen Schriften und Glaubenslehren gerechtfertigt wurde.

Auf der Höhe seines Kampfes hatte Ram Mohan Roy das Glück, daß der britischen Generalgouverneur von Indien sich ebenfalls bemühte, die Witwenverbrennung abzuschaffen. Da es allein in der Macht der Engländer lag, Gesetze zu erlassen, suchten die indischen Sozialreformer, allen voran Ram Mohan Roy und seine Freunde, ihre Unterstützung. Und tatsächlich wurde noch vor Ram Mohan Roys vierzigstem Lebensjahr die Witwenverbrennung in Indien abgeschafft.

Nachdem Ram Mohan Roy entdeckt hatte, daß ein so fest eingewurzelter sozialer und für religiös gehaltener Brauch wie die Witwenverbrennung in den heiligen Schriften keine Grundlage hatte, beschloß er, die Ursprünge der hinduistischen Religion und Gesellschaftsordnung zu erforschen. Er beschränkte seine Nachforschungen nicht auf Indien, sondern dehnte sie bis nach Tibet aus, um in den Besitz der zuverlässigsten Sanskrittexte zu gelangen. Zu jener Zeit war Tibet ein noch völlig unbekanntes Land. Nach einem Aufenthalt von sechs Jahren kehrte er nach Indien zurück. Hier fand er nun christliche Missionare, die den Hinduismus als wertlosen heidnischen Glauben angriffen. Um die Grundlage ihrer Kritik kennenzulernen, lernte er Latein und Griechisch, und konnte so die Bibel in diesen beiden Sprachen lesen. Nebenbei studierte er noch Arabisch, um auch den Koran im Original lesen zu können. Dann verglich er die christlichen und moslemischen Schriften mit den Upanishaden und den Veden und kam zu dem Ergebnis, daß über allen Religionen ein Satz aus den Upanishaden wie ein unbeirrbares Licht erstrahlt:

EKAM SAD
VIPRA BAHUDHA VADANTI
»ES GIBT NUR EINEN GOTT;
ES SIND DIE MENSCHEN,
DIE IHM VIELE NAMEN GEBEN.«

Ram Mohan Roy kam zu dem Schluß, daß alle Religionen dieselbe innere Erfahrung verkünden:

Jesus lehrt:
»DAS KÖNIGREICH GOTTES IST IN EUCH.«
Mohammed sagt:
»ER WOHNT IN EURER SEELE
UND IHR SEHT IHN NICHT.«
Die Upanishaden lehren:
»ER WOHNT IN EUCH.«
Die Neuplatoniker sagen:
»IN SEINEM INNERN
BESITZT DER MENSCH DIE WAHRHEIT.«

Nachdem Ram Mohan die Übereinstimmung aller Religionen gefunden hatte, erkannte er, daß ihre Verschiedenheiten nur äußerliche Belanglosigkeiten sind. Sofort begann er den Brahmoismus zu verkünden, die Religion des Einen Gottes, der über den Schlachtfeldern der sich gegenseitig bekämpfenden Priestern und Religionen steht. Dieser in Indien auflodernde Unitarismus verdankte nichts äußeren Einflüssen, er entstammte allein der gewaltigen Kraft seines Verkünders. Bald nach der Gründung dieser Glaubensbewegung ging Ram Mohan Roy nach Europa, um schließlich auch dort, in der dunklen Nacht des christlichen Fanatismus, einige Lichtfünkchen von Toleranz und Brüderlichkeit wahrzunehmen. Bedauerlicherweise starb er kurz nach seiner Ankunft in Europa. So endete das Leben des ersten indischen Missionars des Westen.

Nach seinem Tod fiel die Leitung des Brahmoismus an Keshab Chandra Sen. Wie schon gesagt, war dieser mit Ramakrishna befreundet. Keshab unterschied sich von seinem Vorgänger Ram Mohan Roy in zwei Dingen: zum einen konnte er im Gegensatz zu Ram Mohan nur wenig Sanskrit und noch weniger Arabisch, zum andern aber beherrschte er meisterhaft die englische Sprache. In der Tat waren Keshabs Englischkenntnisse so hervorragend, daß seine Beredsamkeit mit derjenigen von Gladstone zu vergleichen ist. Auch übernahm er viele Ideen und Vorstellungen des englischen viktorianischen Bürgertums. Doch er hatte nichts von Ram Mohans ernstem und scharfsinnigem Gelehrtentum und von seiner orientalischen Bildung. Ram Mohan kam erst mit der abendländischen Gedankenwelt in Berührung, nachdem er durch die alte, strenge Schule des Brahmanentums gegangen war, die ihn sehr geprägt hatte. Und als er im reifen Alter die westliche Religion und Philosophie kennenlernte, konnte er ihren Schwächen mit umso besserem Rüstzeug begegnen. Allein ihre echte Schönheit und Kraft rühmte Ram Mohan.

In Keshab Chandras früher Jugend wurden die ersten englischen Universitäten mit ihren Studiengängen in Indien eingerichtet. So wuchs er in westlicher Bildung auf; mit anderen Worten, nicht Muttermilch, sondern die Milch einer Stiefmutter nährte Keshab. Aus diesem Grund war er von Anfang an ein angriffslustiger abendländischer Reformer und ein frommer Hindu. Sein Unitarismus war nicht die Religion eines zur Einsicht gekommenen Gelehrten, sondern ein Banner des Aufruhrs. Und dieses Banner wollte er weithin sichtbar hochhalten. So wurde er zu einem glühenden Redner und einem leidenschaftlichen Sozialreformer. Seine religiösen Erfahrungen blieben vornehmlich auf der Ebene des Gefühls. Er wollte den Götzendienst abschaffen und die ursprüngliche Verehrung des Einen Gottes der

Upanishaden wiederherstellen. Des weiteren setzte er sich dafür ein, daß dem Kastenwesen, der Absonderung der Frau (Parda) und der Kinderehe ein Ende bereitet würde.

Nach Bildern zu urteilen, muß Keshab Sen ein hochgewachsener Mann mit heller Hautfarbe gewesen sein. Er hatte ein großes, ovales Gesicht, dunkelbraune Augen und einen sehr sensiblen, doch eher auf Schwäche hindeutenden Mund. Oft kleidete er sich wie ein Engländer. Am leidenschaftlichsten und mit meisterhafter Beredsamkeit sprach er über Jesus, den Menschensohn. Jene, die ihn über Christus sprechen hörten, sagten, daß er mit einer einzigen Rede mehr für das Christentum in Indien getan hat, als alle Missionare zusammen.

Nun wollen wir uns die Wirkung vorstellen, die Ramakrishna auf Keshab ausübte. Zunächst muß er eindeutige Ablehnung in ihm hervorgerufen haben; denn Ramakrishna war weder ein Bilderstürmer noch ein Gesellschaftsreformer. Ob Keshab in Begleitung des Unitariers Mazoondar, dem Verfasser des »Orientalischen Christus«, zu Ramakrishna kam? Ich glaube, Mazoondar war der erste Unitarier, der über den Heiligen von Dakshineswar sagte: »Vor meiner Begegnung mit Ramakrishna hatte ich nur einen armseligen Begriff von Religion. Ich verbrachte meine Zeit damit, mich im Entwerfen von Reformplänen auszutoben. Jetzt aber, nachdem ich ihn gesehen habe, weiß ich, worin das wahre religiöse Leben besteht.«

Durch solches Lob aus dem Mund eines bedeutenden Brahmo-Anhängers aufmerksam gemacht, entschloß sich Keshab schließlich, Ramakrishna zu besuchen. Er kam mit dem Vorurteil, einen abergläubischen, rückständigen Hindu zu treffen. Aber was für eine Überraschung! »Da war ein Mann, der ein wirklicher Sohn der Unsterblichkeit war.« Ein Mann, der weder eine gelehrte Ausbildung, noch Beziehungen zu europäischen Büchern oder Menschen hatte. Doch wie weise und tief konnte er über die wichtigsten spirituellen Fragen sprechen. Woher hatte er sein Wissen? Keshab war erschüttert und erstaunt. Er konnte es nicht glauben: während Ram Mohan Roy sich mit dem Studium der heiligen Texte aller Religionen herumschlug und sich abmühte, ihre wahre Bedeutung zu erfassen, kämpfte Ramakrishna mit der Göttlichen Mutter, um Ihren Lippen das Geheimnis von Leben und Tod zu entreißen. Die Wertschätzung der Toleranz, zu der Ram Mohan Roy erst nach hartem intellektuellem Ringen und langwierigem Studium gelangt war, lebte Ramakrishna schon seit vielen Jahren! Welch eine Überraschung für Keshab. Waren es die zwei Gesichter der Einen Wirklichkeit, die Keshab sah? War Ram Mohan Roy der gelehrte Verkünder der Einheit und Brüderlichkeit, und Ramakrishna das lebende Beispiel dafür? Derartig war die Wirkung, die Ramakrishna auf Keshab ausübte. Innerhalb kurzer Zeit sollten diese beiden Männer enge Freunde werden.

An dieser Stelle möchte ich einige charakteristische Unterredungen zwischen Ramakrishna und Keshab wiedergeben, denn allein sie können zeigen, wie Ramakrishna die Einzigartigkeit des Charakters seines Freundes nicht nur respektierte, sondern nachdrücklich förderte. Er war bemüht, Keshab in seiner eigenen Natur zu bestärken, und wollte ihn keineswegs ändern.

Bei ihrer ersten Begegnung sagte Ramakrishna zu Keshab: »Ich habe gehört, daß du eine Gottesvision gehabt hast. Darüber möchte ich gerne etwas aus deinem Mund erfahren.« So begann eine lange Unterredung, die mit folgender Erzählung des Heiligen endete. »Jeder begreift Gott im Licht seiner eigenen Erfahrung. Einige Männer beobachteten einmal ein Chamäleon, das einen Baum hinaufkletterte. Einer von ihnen verfolgte es bis zum Gipfel des Baumes, dann kletterte er wieder herab und erklärte seinen Freunden: diese Eidechse ist grün. Nun stieg ein anderer Mann auf den Baum, um das Tier mit eigenen Augen zu sehen. Er kam herab und berichtete, das Tier sei rot. Ein dritter Mann tat es den andern beiden nach, und er behauptete, die Echse wäre blau. Daraus entwickelte sich ein Wortwechsel, der blutig auszugehen drohte. Da kam ein Mann des Weges, der, nachdem er ihren Streit bemerkt hatte, sie nach dem Grund ihrer Auseinandersetzung fragte. Sie schilderten ihm ihr Problem. Und er antwortete: 'Ich kenne dieses Chamäleon; es lebt auf dem Baum, unter dem ich schlafe. Es zeigt immer nur für kurze Zeit die gleiche Farbe, manchmal ist es blau, manchmal grün, manchmal auch völlig farblos.' So ist auch Gott«, sagte Ramakrishna. »Er ist unendlich in den Formen Seiner Erscheinung.«

Nachdem er dieses Gleichnis erzählt hatte, rief Ramakrishna plötzlich wie aus heiterem Himmel: »Keshab, dein Schwanz ist abgefallen!« Dann erklärte er: »Du hast sicher bemerkt, daß Kaulquappen sich so lange im Wasser aufhalten müssen, bis ihnen ihr Schwanz abgefallen ist, was sie auf einen Schlag zu Fröschen macht. Was für die Kaulquappe der Schwanz ist, das ist für den Menschen die Unwissenheit. Nur wer seine Unwissenheit abgestreift hat, kann an das Ufer des Gott-Bewußtseins springen. Ich weiß, daß du ein solcher Mensch bist. Lebst du auch in der Welt, so kannst du trotzdem göttliche Glückseligkeit erfahren.«

Nach ihrer ersten Begegnung besuchte Keshab häufig den Meister. Aber trotz der zu Beginn ihrer Freundschaft so rasch wachsenden Vertrautheit hatte Ramakrishna das Gefühl, als habe der Führer des Brahmo Samaj nicht allzu großes Vertrauen zu dem »abergläubischen Heiligen«. Fast immer, wenn Keshab seine Meinung über religiöse Fragen hören wollte, leitete Ramakrishna seine Antwort mit den Worten ein: »Keshab, selbstverständlich sage ich dir, was ich darüber denke; aber du kannst dir meine Worte so zurechtstutzen, wie es dir beliebt und brauchst nur das anzunehmen, dem du zustimmst.«

Wenn der Meister mit der Zeit Keshab auch immer mehr liebgewann, so konnte er doch den Ansichten vieler seiner Anhänger nicht zustimmen. Am meisten störte Ramakrishna ihre Nachahmung des protestantischen Gottesdienstes. Darüber machte sich Ramakrishna lustig, wenn er erzählte: »Ich ging zu Keshabs Gottesdienst. Nach einer Rede über die Herrlichkeit Gottes sagte der Leiter: 'Nun, laßt uns mit Gott kommunizieren.' Da dachte ich, sie würden nun in die innere Welt eintreten und einige Zeit in ihr verharren; stattdessen öffneten sie, kaum daß ein paar Minuten vergangen waren, bereits wieder ihre Augen. Ich war ganz überrascht. Kann man Gott nach einer so oberflächlichen Meditation finden? Als wir nach Beendigung des Gottesdienstes allein waren, sagte ich zu Keshab: 'Ich habe deine Gemeinde mit geschlossenen Augen in Kommunion mit dem Herrn gesehen. Weißt du, woran sie mich erinnert haben? Manchmal beobachtete ich unter den Bäumen von Dakshineswar eine Horde von Affen, die ganz steif und unbewegt dasaßen und ein Bild der Unschuld boten. Doch ihre Gedanken straften diesen äußeren Eindruck Lügen: sie dachten darüber nach und planten, wie sie die Gärten der Umgebung nach Früchten, Wurzeln oder anderen eßbaren Dingen plündern könnten. Ja, sie dachten daran, in wenigen Augenblicken über diese unbewachten Gärten herzufallen. Die Vereinigung deiner Anhänger mit Gott heute war nicht ernsthafter, als der Versuch dieser Affen, frei von Hinterlist zu erscheinen.'«

In einem Lied der Anhänger des Brahmo Samaj heißt es: »Denke unablässig an Gott und verehre Ihn jeden Augenblick des Tages.« Als Ramakrishna dies hörte, unterbrach er den Singenden und sagte zu ihm: »Ändere diesen Vers doch lieber in die Worte: 'Bete und verehre Ihn nur zweimal am Tag.' Sag, was du wirklich tun wirst. Warum versuchst du, den Unendlichen anzuflunkern?«

Eine bestimmte Gepflogenheit Keshabs tadelte der Meister besonders; es waren die blumig ausgeschmückten Lobpreisungen der vielen Herrlichkeiten Gottes. Als er eines Tages diese Aufzählungen von Gottes unendlichen Herrlichkeiten nicht mehr ertragen konnte, platzte Ramakrishna heraus: »Weshalb machst du diese statistischen Aufzählungen Seiner Kräfte und Eigenschaften? Sagt etwa ein Sohn zu seinem Vater: 'Oh mein Vater, du besitzt soundso viele Häuser, so viele Pferde, Kühe, Gärten und Grotten'. Soll ein Vater etwa darauf hereinfallen? Es ist nur natürlich, daß ein Vater seine Söhne nährt, beschützt und ihnen alle seine Mittel zur Verfügung stellt. Wir sind Seine Söhne! Daß Er gütig ist, wohltätig, barmherzig, voll Verzeihen und noch vieles mehr, das ist natürlich und nichts Überraschendes. Betrachtest du Ihn und Sein Reich als etwas ganz Ungewöhnliches, so wirst du nie mit Ihm innig vertraut werden können. Du kannst Ihm dann nicht nah genug sein, und Ihn um das Schauen Seines Antlitzes bitten. Denke nicht so von Gott, daß dein Denken Ihn von dir entfernt. Betrachte Ihn als das, was dir am nächsten ist, dann wird Er sich dir offenbaren. Meinst du nicht, daß dein Aufzählen Seiner Eigenschaften dich zu einem Götzendiener macht?«

»Ich sehe da keinen Zusammenhang«, entgegnete der große Reformator. »Götzendienst ist die Anbetung von Steinen, Bildern, Ikonen und anderer lebloser Gegenstände, in denen Gott nicht wohnen kann, da Er ohne Gestalt ist.«

»Aber Keshab«, wandte Ramakrishna ein, »Gott ist beides. Er ist Form und ohne Form. Bilder und andere Symbole von Ihm sind ebenso wertvoll, gültig und lebendig wie eure Aufzählungen göttlicher Eigenschaften. Eigenschaften von Ihm sind leblose und kalte, erstarrte Formen. Sie unterscheiden sich in nichts von dem, was du Götzendienst nennst.«

Nach der Legende soll Keshab lebhaft erwidert haben: »Ich kann dir hierin nicht zustimmen; und ich finde, du irrst im Hinblick auf den toten Götzendienst und die verwerflichen Glaubenslehren, die sich in den Hinduismus eingeschlichen haben.« Keshab sprach immer in langen Ausführungen. »Die Kinder-Witwen«, fuhr er fort, »das Kastenwesen, der Ausschluß der Frauen, die Verehrung von Stöcken und Steinen, die seelenlose Priesterschaft – das sind wirklich scheußliche Dinge, die es zu beseitigen gilt. Soll der Mensch, der Gott auf dieser Erde ist, sein Knie beugen vor Bäumen und Totems? Ist das Religion? Kannst du so etwas spirituell nennen? Nein, geliebter Meister, der Sturm, den ich zu entfachen versuche, soll den unreinen Himmel des Hinduismus säubern; dann erst werden sich unsere Kinder Menschen nennen können und nicht mehr eine Herde stummer Tiere sein, die nach der Willkür der Priester und der Gier zahlloser Götter von Pontius zu Pilatus hin und hergestoßen werden.«

»Aber Keshab«, sagte Ramakrishna, »der verderbte Himmel, wie du den Hinduismus nennst, kann nicht durch einen Sturm von Beschimpfungen und Schmähungen gereinigt werden. Dieser vermag vielleicht die Erscheinungsform der Dinge zu ändern, aber er hat keineswegs die Kraft, die Wirklichkeit zu verbessern. Wahre Verbesserungen können nur durch Segen gebracht werden. Kannst du ein Meer des Segens auf uns ausgießen, das alle Ufer unseres Lebens erreicht und verwandelt?«

»Was meinst du genau?« fragte Keshab.

»Du bist ein Gelehrter. Du kannst uns lehren, zu welchem Zweck die Inkarnationen Gottes auf Erden wirkten. Bitte erzähle es uns!« bat Ramakrishna.

Bereitwillig lenkte Keshab ein: »Denkst du an Buddha, dann findest du in ihm die beste Antwort auf deine Frage. Er verlor nie seine Fassung. Seine Feinde kritisierte er nicht. Im Gegenteil, einen jeden, der zu ihm kam, segnete er. Sein umfassendes Mitfühlen, seine grenzenlose Liebe, seine überragende Tugendhaftigkeit machten jeden, der mit ihm in Berührung kam, zu einem edleren und besseren Menschen. Ist es das, was du den Segen eines Gott-Menschen nennst, der die Welt verwandelt? Ist es das, was 'Sein' heißt?«

»Welchen anderen Namen könnten wir sonst dieser Kraft geben, die eine Verkörperung Gottes besitzt?«

»Ach, geliebter Meister«, rief Keshab aus, »du hast mich überzeugt. Ich fühle, du bist im Recht. Nur Gott in uns kann den Gott, der in den anderen Menschen lebt, zum Vorschein bringen.«

»Keshab, deine Rede entzückt mich!« sagte der Meister. Ein begeistertes Leuchten glühte in Ramakrishnas Augen auf. Dann schwieg er.

Lange lag dieses Schweigen wie etwas körperlich Greifbares über den Anwesenden. Eine seltsame Gegenwart wurde spürbar. Langsam veränderte sich Ramakrishnas Gesicht. Der übliche, maskenhafte Ausdruck fiel von ihm ab. Wie ein rauchendes Kohlenbecken langsam zu brennen beginnt, so ergoß sich ein tiefes Glühen über sein ganzes Gesicht. Langsam öffneten sich seine Lippen. Wie einfach und wenig aufsehenerregend seine Gedanken jetzt auch waren, sie besaßen eine unüberwindliche Kraft. Etwas Unbeschreibliches lag in jedem seiner Worte.

»Die Menschen glauben, daß aus der Kritik Leben erwächst. Stellst du aber die Unfruchtbarkeit eines Eunuchen an den Pranger, so ist damit noch kein Kind geboren. Schöpferisch sein heißt, wie Gott sein. Du mußt ganz Wesen, ganz Essenz sein! Wenn du vom Wesen allen Seins erfüllt bist, dann wird jedes deiner Worte wahr. Die Dichter haben die Tugend und die Wahrheit gepriesen; hat dies ihre Leser tugendhaft und wahrhaftig gemacht?

Wenn andererseits ein selbstloser Mensch unter uns ist, dann spüren wir in seinen Taten den Pulsschlag der Tugend. Das Wesen eines solchen Menschen breitet Flügel des Segens über die Welt aus. Es wird zum Gefäß der Heiligkeit. Was immer er auch für andere tut, es wird selbst ihre niedrigsten Träume verbessern. Staunend erweisen ihm die Menschen dadurch ihre Verehrung, daß sie ihn eine Verkörperung Gottes nennen. Wie in Gottes Hand wird unter seiner Berührung alles rein und wahr. Er wird zum Vater der Wirklichkeit. Was er auch schafft, es ist der Zeit nicht unterworfen. Das erhoffe ich auch von dir, Keshab. Bringe die Hunde der Schmähungen zum Schweigen und laß den Elefanten des Seins den Trompetenton seines Segens über alles ausposaunen! Du hast diese Kraft! Willst du sie gebrauchen? Oder willst du dein Leben damit vergeuden, die Menschen zu beschimpfen? Sollen sie einmal von dir sagen, daß Keshab seine Tage im Gasthaus der Rede verbrachte, den Wein der Beredsamkeit trinkend? Im Gegenteil; du sollst SEIN, dann werden sie sagen: 'Er lebte unter uns wie ein Tiger der Wahrheit. Wohin er auch ging, zitterten die Irrtümer wie die Blätter der Bäume im Dschungel beim Nahen des Tigers, und die Sünde floh vor ihm wie eine Herde von Gazellen. Er war so reich an Segen, daß selbst seine kleinste Geste alle mit Liebe erfüllte. Seine Worte kamen aus der Unsterblichkeit. Er demütigte uns nicht mit Kritik; sondern er erhöhte uns mit Gott.'«

Diese Kritik verletzte Keshab in keiner Weise, sondern sie steigerte seine Liebe zu Ramakrishna. Diese Tatsache zeigt die Größe dieses Führers des Brahmo Samaj. Monat für Monat trafen sich Keshab und Ramakrishna und diskutierten über Gott und die Welt, über Christus, Buddha, Zoroaster, Mohammed und alle anderen Inkarnationen Gottes, die einst ihren Segen über die Erde brachten.

Eines Tages wurde Keshab krank. Ramakrishna besuchte ihn sehr oft, und jedes Mal sprachen sie stundenlang über Gott. Als der Meister merkte, daß Keshab nicht mehr lange zu leben hatte, teilte er ihm das bevorstehende Ende mit. Mit Tränen in den Augen sagte er zu ihm:

»Keshab, der Große Gärtner behandelt die Basra-Rose mit harter Hand, weil sie die schönsten und besten Blüten trägt. Er beschneidet sie, reißt sie zuweilen auch mit der Wurzel aus, dann wiederum setzt er sie der Kälte des Frosts und der Hitze der Sonne aus. Auch du, Keshab, wirst in Kürze umgepflanzt werden, denn der Gärtner möchte, daß du ganz besonders herrliche Blüten hervorbringst.« Dann verließ Ramakrishna sein Krankenlager. Als er bald darauf die Nachricht von Keshabs Tod erhielt, sagte der Heilige: »Ich habe einen mir so nahen Freund verloren, daß es mir vorkommt, als hätte ich die Hälfte meiner selbst verloren.«

Es ist passend, dieses Kapitel mit der Schilderung von Ramakrishnas Glauben an die Unsterblichkeit zu beschließen.

Eines Tages verlor einer seiner Freunde, Mani Mallik, seinen Sohn. Kurz nach der Trauerfeier suchte er Ramakrishna auf, um bei ihm Trost zu finden. Der Empfangsraum war voll von Menschen, zu denen Ramakrishna sprach. Der Anblick Malliks in dem grellen Weiß seiner Trauerkleidung wirkte wie ein Blitzschlag auf die versammelten Menschen. Nachdem sich Mallik hingesetzt hatte, sprach Ramakrishna weiter, und die Spannung unter seinen Zuhörern legte sich. Dann schwieg er. Eine friedvolle Stille lag über dem Raum. Wie das Summen von Insekten, das die morgendliche Ruhe stört, so vernahmen die Anwesenden ein sanftes Gemurmel, welches das Schweigen unterbrach. Es war Mallik, der

Ramakrishna mit gedämpfter Stimme sein Leid klagte. Als der Heilige bemerkte, daß die versammelte Menge Malliks Worte zu verstehen versuchte, erhob er sich und begann zu tanzen und zu singen:

»Oh Seele, erhebe die Lanze der Wahrheit,
Umgürte dich mit deinem Panzerhemd!
Denn sieh! Dein Feind der Tod
Hat deine Burg gestürmt.«

So fuhr Ramakrishna fort, zu singen und zu tanzen. Zweifellos vollführte er ein Mysterienspiel, in dem die menschliche Seele in den Krieg zieht und den Tod besiegt. Als er geendet hatte, setzte er sich neben Mallik und sagte zu ihm: »Es ist ein schrecklicher Schmerz, den du fühlst. Doch diese Qual wird dir nicht vom Schwert der Wahrheit bereitet; du erlebst das Leid, das ein Körper einem anderen zufügt. Die leiblichen Formen leiden so lange, wie sie leben – und nicht länger. Die Seele aber, dieses Schwert der Wahrheit, leidet nie.

Einst sah ich einen Menschen sterben. Es war mein geliebter Neffe Akshoy. Aufmerksam beobachtete ich ihn. Plötzlich wurde das Schwert aus der Scheide gezogen, die nun tot dalag. Aber für die scharfe Klinge machte das keinen Unterschied. Was ich sah, erfüllte mich mit Freude. Ich lachte und tanzte. Doch am nächsten Tag, als ich nach der Verbrennung seines Leichnams unten auf der Terasse stand, fühlte ich einen Schmerz, als ringe mir jemand mein Herz wie ein nasses Tuch aus. Da sagte ich: 'Göttliche Mutter, wenn ich, der ich der Welt entsagt habe, solche Qualen empfinde, um wieviel mehr müssen dann erst jene leiden, die in der Welt leben!' Ja, mein Freund, damals habe ich einen

Teil des Leids empfunden, das du heute fühlst. Hältst du dich aber an Gott, so kannst du auch im tiefsten Leid nicht untergehen. Schau die kleinen Boote auf dem Ganges, die kleinste Welle bringt sie zum kentern. Die große Barke aber gleitet mit Leichtigkeit über die schwersten Wogen dahin. Oh, große Barke der Seele, lade dich ganz voll mit Gott, dann wird dich selbst bergehohes Leid nicht zum Wanken bringen. Es ist nur die Scheide, der Körper, der um den andern Körper jammert und nicht das Schwert, die Seele, die gestählt ist in der Unsterblichkeit Gottes.« Nicht nur diese Worte, sondern stärker noch der Mensch, der sie sprach, bewegten Mallik so tief, daß er aufstand und sagte: »Ich wußte, daß ich zu dir gehen mußte, denn niemand sonst hätte meinen Schmerz lindern können.«

Noch einmal sprach Ramakrishna: »Diejenigen, die dem Irdischen verhaftet sind, fürchten den Tod. Wer aber nicht geblendet ist von der Welt, der sieht keinen Tod. Viele Male stand ich an der Grenze und betrachtete mit meinen durch Meditation gestärkten Augen die beiden Bereiche: das Leben hier und das Leben dort. Es gab keinen Tod, der sie trennte. So gib alles Irdische und dein Haften an den Dingen auf, und du wirst schlagartig die Einheit allen Lebens erkennen. Es gibt keine Unterbrechung wie den Tod.«

Ramakrishna und Vivekananda

Obwohl Ramakrishnas Beziehungen zu den Menschen, denen er begegnete, sehr aufschlußreich sind, kann man nur dann, wenn man die Auswahl und die Unterweisung seiner Schüler betrachtet, die einzigartige Bedeutung seiner Botschaft ermessen.

Im Gegensatz zu den Propheten der Vergangenheit lag es Ramakrishna fern zu predigen. Immer wieder soll er gesagt haben: »Die Zeiten, in denen die vom göttlichen Geist erfüllten Reden eines Lehrers die Menschen zur Gottesschau führten, sind vorbei. Wir müssen heute von anderen Voraussetzungen ausgehen. Wir müssen ein so starkes inneres Leben führen, daß es zu einem Sein wird. Und dieses Sein wird noch unbekannte Zeichen der Wahrheit offenbaren. Die Flüsse füllen sich mit Wasser und fließen zu Tal, weil ihr Herr, der Berg, still sitzt. Gott benötigte Jahrhunderte um Jahrhunderte zur Erschaffung der Gebirge, aber seither haben ihre Flüsse Generationen von Menschen Leben gespendet.

Laßt uns ein Sein schaffen, einen Berg Gottes in unserer Mitte errichten, wie lange es auch dauern mag. Wenn er errichtet sein wird, werden sich von ihm

Ströme von Licht und Erbarmen über alle Menschen für alle Zeiten ergießen.«

Im Licht dieser Weisheitslehre wollen wir nun sehen, wie Ramakrishna einige seiner Schüler unterwies. Die Höflichkeit verbietet von den noch lebenden Schülern zu berichten. So werden wir uns auf Begebenheiten aus dem Leben jener beschränken, die gestorben sind. Über zwei von ihnen, Brahmananda und Turiyananda, ist unser Wissen sehr bruchstückhaft, denn sie starben erst vor kurzem, und die Daten zu ihren Biographien sind noch nicht zusammengetragen. So bleiben uns nur die Lebensbeschreibungen von Vivekananda, Premananda und Lattu Maharaj. Auch über diese drei gibt es nur spärliche Aufzeichnungen, da sie als Mönche, die der Welt entsagt hatten, von ihrem zeitlichen Dasein nur das Wenige zurückließen, das sie nicht vernichten konnten. Jeder, der Vivekanandas Beschreibung vom Leben Ramakrishnas gelesen hat, weiß, daß er in ihr nichts von seinen persönlichen und intensiven Erfahrungen mit dem Meister erzählt. Dasselbe gilt für die anderen Schüler Ramakrishnas. In keiner ihrer Lebenserinnerungen findet sich auch nur eine Andeutung der eigenen spirituellen Erfahrungen ihrer Verfasser. Das macht das Schreiben ihrer Biographien zu einer schwierigen und trockenen, wenn nicht sogar reizlosen Aufgabe.

Trotzdem müssen wir alle noch so dürftigen Einzelheiten sammeln, die von diesen heiligen Männern Zeugnis ablegen. Vor allem ist bemerkenswert, daß Ramakrishna, der zu jedermann gastfreundlich und großzügig war, äußerst streng war in der Wahl seiner Schüler.

Sie wurden meist aus jungen Universitätsstudenten ausgewählt, die verschiedenen Kasten angehörten. Fast alle von ihnen sprachen zumindest eine Fremdsprache und besaßen ausgezeichnete Sanskritkenntnisse. Auf die Frage, warum er nur junge Leute mit so guter Bildung als Schüler annehme, antwortete der Meister: »Sie sind noch nicht im Netz der Begierden verstrickt und im Reichtum gefangen. Sie sind noch völlig ungebunden, und ihr Charakter ist gut ... Aber weshalb nimmst du an, daß ich meine Schüler auswähle? Die Göttliche Mutter bringt sie zu mir. Sie erwählt sie. Ich bilde nur diejenigen aus, die Sie erwählt hat. Durch Ihre Hilfe bin ich in der Lage, sie bezüglich ihrer geheimen Gewohnheiten, ihrer Vorlieben und Abneigungen zu prüfen. Nachts, während sie schlafen, kommuniziere ich; dann läßt Sie, die Allwissende, die Schleier fallen, die jene umhüllen, und zeigt mir nicht nur, wie sie sind, sondern auch das Ausmaß an spirituellem Fortschritt, den jeder von ihnen täglich verwirklicht. Vermagst du mit den Augen der Seele zu sehen, so erkennst du das Selbst eines jeden Menschen auf die gleiche Weise, wie du durch das Glas eines Schaufenster die darinliegenden Gegenstände erkennst, auch wenn sie sich außerhalb deiner Reichweite befinden. So setze ich mich über den Charakter meiner Schüler in Kenntnis, lange bevor ich sie einweihe.«

Der folgende Vorfall beweist, daß Ramakrishna über das spirituelle Leben seiner Schüler genau Bescheid wußte. Saradananda und andere Zeugen bestätigen, daß eines Nachts, während der Meister schlief, Vivekananda, Kali Tapasyi, Saradananda und zwei andere in den Wald gingen, um zu meditieren. Doch bevor sie damit begannen, sagte Vivekananda zu Kali Tapasyi: »Lege deine Hand auf meine Schulter, während ich auf die neue Art meditiere, die mich der Meister gelehrt hat.«

Nach etwa einer halben Stunde begann die Hand Kali Tapasyis wie eine von starkem Wind bewegte Saite zu zittern. Als alles vorüber war, sagten sie zu Vivekananda: »Ein jeder von uns, der dich berührte, fühlte einen Schlag wie von einer elektrischen Batterie.«

Kaum waren sie in die Wohnung des Meisters zurückgekehrt, da hörten sie aus dem Dunkeln seine Stimme. Sie zündeten eine Lampe an und gingen zu ihm. Ramakrishna sagte zu Vivekananda: »Kaum hast du durch harte Arbeit einen spirituellen Schatz erlangt, da verschleuderst du ihn auch schon. Die Spiritualität wächst in unserer Seele wie das Kind im Mutterleib. Du kannst nicht damit herumexperimentieren, es auf die Welt zu bringen, bevor die Zeit dazu reif ist. Wann wirst du lernen, daß ich jedesmal genau Bescheid weiß, wenn du solche Dummheiten machst? Besprich dich in Zukunft mit mir, bevor du deine kindischen und unüberlegten Experimente machst.«

Doch zurück zu Ramakrishnas Auswahl und Erziehung seiner Schüler. Er prüfte sie nicht nur auf das sorgfältigste vor ihrer Aufnahme, sondern beobachtete sie auch weiterhin genau in jeder Phase ihres Lebens. Er nahm Verheiratete wie Unverheiratete als Schüler an, aber von jedem verlangte er eine öffentliche Erklärung bezüglich seiner Verpflichtungen seiner Familie oder anderen Menschen gegenüber. »Denn niemand darf Not oder Mangel leiden, weil du, mein Sohn, ein heiliger Mann werden möchtest.« So weihte er nur jene ein, die von ihren Verwandten – Vater, Mutter, Frau oder Kinder – die notwendige Erlaubnis hatten. Noch heute gilt im Kloster dieselbe Regel. Niemand wird als Mönch aufgenommen, der nicht mit der vollen Zustimmung seiner Familie kommt; denn nach der im Kloster herrschenden Ansicht ist ein Mann, der vor den Verpflichtungen der Welt flieht, zu schwach und nicht imstande, die noch weit gefahrvollere Verantwortung, Gott zu finden, auf sich zu nehmen.

Die Geschichte von Ramakrishnas erstem Schüler, Swami Brahmananda, gibt hiervon ein klares Bild. Als er dem Meister das erste Mal begegenete, war er ein reicher Brahmanensohn von 22 Jahren. Trotz seiner Jugend erwies er sich als so geistreich und vielseitig begabt, daß ihm jede bedeutende berufliche Laufbahn offenstand. In dieser Zeit drängten ihn einige neugierige Studienfreunde, sie nach Dakshineswar zu begleiten, um den Heiligen zu besuchen. »Er kam um zu sehen, wer ich eigentlich sei«, erzählte Ramakrishna Jahre später. »Er muß seltsame Geschichten über mich gehört haben. Aber glücklicherweise sah er in mir nicht einen über Gott schwatzenden Affen, sondern erkannte mein wahres Selbst. Er kam wieder, diesmal allein. Innerhalb weniger Tage gab er alles auf und blieb wie festgewurzelt hier. Bald kamen seine Angehörigen, um nachzusehen, in welcher Gesellschaft er sich befand. Nachdem sie mich gesehen hatten, waren sie zufrieden. Doch sie wollten nicht, daß aus ihrem Sohn ein Mönch würde, sondern ein Ehemann in gesicherter Stellung. Sie fragten mich nach meiner Meinung; ich war ein wenig beunruhigt. Doch ich wußte, was der junge Bursche im Innersten wollte. So bat ich, sie möchten mir das junge Mädchen zeigen, das sie für ihn ausersehen hatten. Eines Tages wurde mir die 'kleine Mutter' gebracht. Auf den ersten Blick wußte ich, daß sie ihm auf seinem Weg zu Gott helfen und ihn nicht hindern würde. Ich sagte der gesegneten kleinen Mutter, wer und wie jener sei, den sie heiraten sollte. Sie schien dies alles zu wissen. Wie sich ein Ton in der Stille des Himmels verliert, so verschwanden augenblicklich meine Sorgen. Kurze Zeit darauf heiratete Brahmananda. Und was für ein heiliger Mann ist er geworden! Seine Frau hat nie einen Anspruch auf ihn erhoben. Sie selbst hat Gott verwirklicht, indem sie ihm die Freiheit gab, Heiligkeit zu erlangen.«

Nach Brahmananda wurden fünf junge Männer, von denen vier heute noch leben, Ramakrishnas Schüler. Vivekananda war der fünfte. Wie ein Tropfen auf unserer Zunge genügt, um den Geschmack des Ozeans zu erfahren, so wollen wir das Leben Vivekanandas betrachten, um Ramakrishnas Erziehung seiner Schüler kennenzulernen. Vivekananda ist typisch für alle Schüler, und seine Lebensgeschichte im Westen nicht unbekannt.

Von Kindesbeinen an war Vivekananda sehr begabt, mutig und vielseitig. Er war ein Kshatriya, ein Angehöriger der Kriegerkaste, und wurde religiös erzogen. Seine Vorfahren führten ein sehr strenges orthodoxes Leben. Sein Vater und sein Großvater unterzogen sich allen religiösen Übungen, die die Schriften vorschreiben. Er war aber frei von jeglichem Radikalismus. Ketzerei in religiösen Fragen lag ihm fern. Doch leider entwickelte er, als er etwa fünfzehn Jahre alt war, eine starke Neigung zum Agnostizismus. Mit dem alten Sanskritphilosophen Charvaka stimmte er darin überein, daß »Gott nicht wirklich existiere, sondern eine Erfindung der Priester sei«. Von dieser Lehre des Charvaka ging er weiter zum Atomismus, der von Kanada vertretenen Vaisheshika-Lehre. Später bestärkte ihn die von Kapila begründete Sankhya-Philosophie noch mehr in der

Erkenntnis, daß man, auch wenn man die Verpflichtung hat, ein streng moralisches Leben zu führen, deshalb nicht notwendig an einen Gott glauben muß.

Sobald Vivekananda, dessen Vorfahren Krieger waren, vom Agnostizismus überzeugt war, begann er für diese Lehre zu kämpfen. Doch um einen Kampf erfolgreich zu führen, sind Anhänger und Freunde nötig. Unter den orthodoxen Brahmanen fand er sie nicht. Statt darüber zu verzweifeln, suchte er weiter und verband sich mit den Brahmos unter Keshab Sens Leitung, dessen Eifer für soziale Reformen Vivekananda teilte. So war er, noch bevor er 20 Jahre alt war, als Bilderstürmer und fanatischer Puritaner bekannt. Seine Zeitgenossen bezeugen, daß er vor nichts Respekt hatte, außer vor dem Wahren und dem Sittlichen. Mit besonderer Freude griff Vivekananda die Behauptungen gebildeter heiliger Männer und Brahmanen an. Er wütete wie ein »Stier der Agnostik« im Porzellanladen der Religion.

Eines Tages kam Vivekananda in der Begleitung von Keshab Sen nach Dakshineswar. Einer der Augenzeugen dieses Besuches, der verstorbene Bhupendranath Basu, beschreibt diese Begegnung von Vivekananda und Ramakrishna folgendermaßen:

»Es war zu der Zeit, als wir beide Rechtswissenschaften studierten, daß Vivekananda mich eines Tages einlud, zusammen mit Keshab und einigen anderen nach Dakshineswar zu gehen. Natürlich war auch ich begierig, mit eigenen Augen zu sehen, was für ein Heiliger dieser Ramakrishna war.

Als wir beim Tempel der Kali ankamen, trafen wir einen sehr seltsam aussehenden Mann, der Augen wie ein Falke hatte. Von Ferne schon sahen diese Augen, was wir wert waren. Das Einzige, was mir von der dann folgenden Unterredung im Gedächtnis blieb, ist, daß der Meister, als wir im Begriff waren zu gehen, sagte: 'Keshab, wenn du auch viele Vorlesungen und Reden hältst, so wird dein Ruhm doch nicht sehr weit reichen. Dieser Bursche aber', und dabei deutete er auf Vivekananda, 'wird auch jenseits der Meere berühmt werden.' Alle lachten über Ramakrishnas Bemerkung. Wir meinten, er wolle sich über den Erfolg und Ruhm, den Keshab erreicht hatte, lustig machen. Doch als ich etwa zehn Jahre später die Berichte über Vivekanandas Vorträge in England und Amerika las, mußte ich oft an das denken, was der Heilige bei dieser ersten Begegnung zu ihm gesagt hatte.«

Diese Vorhersage Ramakrishnas erfreute aber Vivekananda keineswegs, sondern beleidigte ihn. Denn zu jener Zeit erschien sie ihm als Einschmeichelei und Scharlatanerie. Er haßte Handleser, Wahrsager und Zukunftsdeuter. Doch trotz dieser großen Abneigung gegen den Meister fühlte er sich von Tag zu Tag mehr zu ihm hingezogen. Etwas in ihm stachelte seinen verbissenen Verstand an, dem Heiligen noch einmal eine Chance zu geben. Schließlich machte er sich auf den Weg, ihn zu besuchen, um zum zweiten und letzten Mal herauszubekommen, was für ein Mensch Ramakrishna war. Auf der Reise nach Dakshineswar fühlte er sich verwirrt. Immer wieder sprach er zu sich selbst: »Warum will ich eigentlich noch einmal diesen Gottesnarren sehen? Ich weiß doch, daß es keinen Gott gibt. Warum gehe ich denn zu ihm? ...« So kreisten den ganzen Weg über die Gedanken in seinem Kopf.

Bei seiner Ankunft in Dakshineswar fand er Ramakrishna ganz allein auf einem Sofa sitzend. Erleichtert dachte Vivekananda: »Jetzt kann er mich nicht durch alberne Prophezeiungen über meine Zukunft vor anderen in Verlegenheit bringen, wie er es neulich tat.«

Kaum hatte Vivekananda dies gedacht, als der Meister ihn durch seinen Gruß erneut ärgerte: »Ich bin so froh, daß du gekommen bist. Ich warte schon viele Jahre auf dich.«

Mit einem Ausdruck eisiger Ablehnung auf dem Gesicht setzte sich Vivekananda auf den Rand des Sofas. Eine Zeitlang sprach keiner von ihnen ein Wort. Jeder beobachtete das Gesicht des anderen. Der Meister sah älter aus, als er in Wirklichkeit war, während der Jüngling vor ihm das wuchtige und kraftvolle Gesicht eines »jungen Buddhas aus Bronze« hatte.

So saßen sie einander mit prüfenden Blicken gegenüber, der eine im Besitz von Jugend und Schönheit, der andere von allem ledig, außer dem unsichtbaren Gott. Plötzlich hob Ramakrishna, ohne ein Wort und ohne den geringsten Laut, sein rechtes Bein, bewegte es langsam nach vorne und berührte mit seinem Fuß Vivekanandas Körper. In diesem Augenblick ...

»In diesem Moment«, berichtet Vivekananda, »begannen vor meinen weit aufgerissenen Augen die Wände des Zimmers zu wanken, und schließlich stürzten sie zusammen. Wie von einer überirdischen Kraft gepackt, fielen die Möbelstücke zu Boden, um in einer Leere zu verschwinden. Alles um mich herum war Nichts, Nichts! Plötzlich drohte der weitgeöffnete Mund des Weltalls mein Ich zu verschlingen. Da dachte ich bei mir selbst: 'Sein Ich zu verlieren heißt sterben!' Ich fühlte den Tod zum Greifen nah! Tief erschreckt schrie ich verzweifelt um Hilfe: 'Was machst du mit mir? Ich will leben! Laß mich jetzt noch nicht sterben, solange mein Vater und meine Mutter noch am Leben sind.' Bei diesen Worten lachte der Wahnsinnige laut. Dann massierte er sanft mit seinen Händen meine Brust und sagte: 'Wir wollen es jetzt genug sein lassen. Es ist nicht nötig, alles in einem einzigen Aufblitzen zu sehen. Den Rest wirst du später erfahren.' Nach diesen Worten waren die Möbel, die Wände, das Zimmer und ich selbst wie durch Zauberei wieder an ihrem alten Platz.

Noch am selben Tag überlegte ich, ob ich ein Opfer von Hypnose oder Mesmerismus geworden war. Die Tatsache aber, daß nichts an meinem Erlebnis mit den Merkmalen dieser beiden übereinstimmte, beunruhigte mich noch mehr. Ich kam zu keinem anderen Schluß, als dem, daß es um uns und über uns verborgene Geheimnisse gibt, die wir mit unserem anmaßenden und überheblichen Intellekt nicht zu lösen vermögen. Mein Erlebnis überzeugte mich, daß Ramakrishna nicht verrückt war. Ein Wahnsinniger hätte meine Sinne und meinen Verstand nicht zu Staub zerfallen lassen können. Über mein Erlebnis nachdenkend, verbrachte ich den Rest des Tages mit Ramakrishna in der Hoffnung, daß er etwas Licht in die Sache bringen würde. Schließlich versank die Sonne am Horizont; da ich nach Hause mußte, kniete ich zu seinen Füßen nieder. Als ich aufstand, um zu gehen, ließ mich Ramakrishna nicht fort, ohne daß ich ihm versprochen hatte, ihn bald wieder zu besuchen.«

Vivekananda war nicht in Eile, Ramakrishna wiederzusehen, auch wenn sich sein Herz danach sehnte. Viele Tage verbrachte er damit, über dieses merkwürdige

Erlebnis nachzudenken, das ihn ebensosehr anzog wie erschreckte. Unter welchem Gesichtspunkt er es auch prüfte, er fand keine befriedigende Erklärung. Und um seine Verwirrung noch zu steigern, vernahm er tief in seiner Seele eine Stimme, die sagte: »Gehe zu ihm! Er allein kann es dir erklären.« Je mehr Zeit verging, desto drängender wurde diese Stimme. Nichts vermochte sie zum Schweigen zu bringen. Wie der Fluß sich in die See stürzt, so folgte Vivekananda schließlich dem Drängen seiner Seele, und er machte sich wieder auf den Weg zu Ramakrishna.

»Der dritte Besuch, den ich ihm abstattete, war höchst seltsam«, berichtet Vivekananda. »Als ich ankam, sah ich ihn im Garten spazierengehen. Er bat mich, ihn zu begleiten. Vom Garten schlenderten wir zum Ufer des Flußes hinunter. Dann gingen wir langsam ins Haus zurück. Er ließ sich auf dem Sofa nieder, und ich setzte mich auf den Rand des Sofas wie beim letzten Mal. Da berührte er mich wieder und diesmal ...«

Vivekananda hat niemals den Inhalt dieses Erlebnis der Öffentlichkeit preisgegeben. Was damals geschah, muß ihm sehr viel bedeutet haben. Es durfte nicht durch eine Schilderung entheiligt werden, zumindest nicht aus seinem Mund. Jahre später fragten Brahmananda, »M.« und Saradananda Ramakrishna danach. Und der Meister erzählte ihnen: »Nachdem Vivekananda sein zeitliches 'Ich' verloren hatte, wollte ich einiges über ihn wissen. Vor allem fragte ich ihn nach dem genauen Ausmaß der bereits von ihm erreichten Verwirklichung. Warum war er auf die Erde gekommen? Er gab mir klare Antworten, die mir letzte Gewißheit brachten, denn ich wußte bereits alles über ihn aus meinen Meditationen. Trotzdem war es wertvoll, diese Bestätigung von ihm zu erhalten. Ich sah auch, daß Vivekananda in dem Augenblick, in dem er in der Meditation die wahre Geschichte seines Selbst erkennt, seinen Körper abwerfen und in seine Heimat zurückkehren wird. Denn er ist eine vollkommen verwirklichte Seele.«

Als Vivekananda etwa neunzehn Jahre später im Kloster starb, verschied er in einem drei Tage dauernden Zustand höchster Meditation. Es war siebzehn Jahre nach Ramakrishnas Tod. Ich habe das Zimmer gesehen, in dem Vivekananda meditierte. Ich habe auch jene befragt, die während dieser Tage ununterbrochen bei ihm wachten. Sie erzählten mir genau das, was die älteren heiligen Schüler schon vor Jahren Ramakrishna prophezeien gehört hatten.

Nach diesem jüngsten Erlebnis kam Vivekananda dem Meister immer näher und empfing seine Unterweisungen in der Kunst der Meditation und in anderen spirituellen Übungen. Doch auch jetzt noch zögerte er, der Welt zu entsagen und das Gelübde eines Sannyasin, eines bettelnden Heiligen, abzulegen. Immer wieder bat er Ramakrishna: »Bitte flehe du zur Göttlichen Mutter, Sie möge für meine Familie sorgen, damit ich die Bettelschale nehmen kann.« Ramakrishna aber antwortete: »Das kann ich nicht. Du mußt selbst zu Ihr gehen und zu Ihr beten.«

Bhupendranath Basu, der bereits erwähnt wurde, erzählt eine Geschichte, die ein wenig Licht auf Vivekanandas Zögern wirft. »Hin und wieder«, so berichtet Basu, »verschwand Vivekananda aus dem Büro des Rechtsanwalts, in dem wir damals arbeiteten. Manchmal schickte mich unser Arbeitgeber los, um nach dem Abwesenden zu suchen. Ich ging zu Ramakrishna nach

Hause und suchte Vivekananda auch noch an vielen anderen Orten, wo er sich aufzuhalten pflegte, konnte ihn aber nirgends finden. Schließlich fragte ich ihn eines Tages, was er denn immer wieder unternähme; doch ich erhielt keine klare Antwort. Im allgemeinen wird die Gottessuche, wie ein Mord, am Ende doch entdeckt. Als ich eines Tages vom Anwaltsbüro nach Hause ging, kam ich zufällig durch einen anderen Stadtteil. Es war eines der verrufensten und gefährlichsten Elendsviertel, das niemand von unserer Kaste jemals freiwillig betreten würde. Als ich so die Gassen entlang ging und mir mit jedem Blick die furchtbare Armut der Menschen dort bewußt wurde, da sah ich plötzlich einen Mann im ockerfarbenen Gewand, der an der Tür einer völlig verdreckten Hütte bettelte. Ich traute meinen Augen nicht. Wie konnten diese mittellosen Menschen irgendein Almosen geben? Und was für ein Bettler mochte das sein, der hier bei den Niedrigsten bettelte? Als ich näher kam, sah ich, wie der Sannyasin die arme alte Frau segnete, die ihm eine Handvoll Reis gegeben hatte. Wie er sich zum Gehen wandte, sah ich sein Gesicht. Es war Vivekananda! Da wir uns von Angesicht zu Angesicht gegenüberstanden, bat er mich, ihm zu folgen. Wir gingen rasch fort und erreichten bald das Ufer des Flusses, wo wir uns auf die oberste Stufe der Ufertreppe setzten. Vivekananda sagte: 'Wie du siehst, meine Kleidung erklärt alles. Ich will ein Sannyasin werden. Ramakrishna zieht mich so sehr an, daß ich glaube, ich wäre im Himmel, wenn ich morgen in seinen Orden eintreten könnte. Aber ich bin mir meiner selbst nicht sicher. Ich möchte nicht einen schwachen Charakter in seinen Dienst stellen. Es ist nicht leicht, ein Mönch zu sein. Du kennst meine Familie und das Ansehen, das sie wegen ihrer Kastenzugehörigkeit und ihres Reichtums genießt. Sind wir heute auch arm, vor zwanzig Jahren waren wir es nicht. Man erwartet viel von uns, und ich bin ungeheuer stolz. Ja, es ist mein Stolz, der mir im Weg steht. Kann ich, der Sohn meines Vaters, so demütig werden wie ein Sannyasin? Kann ich meinen Stolz so weit überwinden, daß ich vom Betteln leben kann? Um dies herauszufinden, habe ich das Gewand des Mönchs angezogen und bettle ich in den Elendsvierteln. Materiell gesehen erhalte ich sehr wenig von den Menschen hier, aber spirituell ist das, was sie mir geben, mehr als genug. Sie ermöglichen mir, meinen Stolz zu überwinden. Jetzt fühle ich mich voller Demut. Wahrscheinlich werde ich einmal fähig sein, mich von allem loszusagen und ein würdiger Schüler meines Gurus zu werden.

Noch etwas anderes habe ich herausgefunden, was mir Mut macht: ich kann einige Tage ohne Nahrung bleiben. So ist nicht nur mein Bewußtsein frei von Stolz, sondern mein Körper kann auch Hunger ertragen. Ich fühle, daß ich jetzt Ramakrishna um die Einweihung bitten darf. Ich habe die Kunst der Meditation gelernt und kann die härtesten Yoga-Übungen ausführen. Doch ich habe um die letzte Einweihung nicht zu bitten gewagt, bis ich mir meiner selbst nicht ganz sicher war.'«

Nun, da Vivekananda seine eigene Schwäche überwunden hatte, quälte ihn die Sorge um seine Familie. Trotz vieler Gespräche zwischen ihm und Ramakrishna betete keiner von ihnen zur Göttlichen Mutter. Offenbar wollten sic nicht Gott die Sorge für seine Familie aufladen. Wieder stand Vivekananda sein Stolz im Weg: konnte er auch von Menschen betteln, von Gott vermochte er nichts zu erbitten.

Eines Tages besprach er die ganze Angelegenheit mit seiner Mutter. Diese einfache stolze Frau, die noch in der strengen, traditionellen Erziehung aufgewachsen war, sagte zu ihrem Sohn: »Wann hätte je ein Mitglied unsere Familie Gott aus Furcht vor Armut aufgegeben? Dein eigener Großvater hat einst Frau, Kinder, Reichtum und seine berufliche Stellung aufgegeben, als er das Geheimnis aller Geheimnisse an die Tür seines Herzens klopfen hörte. Habe ich nicht schon lange vor deiner Geburt zu Gott gebetet, du mögest dich dem religiösen Leben zuwenden? Jetzt, da das Unendliche vor dem Tor deines Lebens steht, jetzt willst du dich von Ihm abwenden? Keiner deiner Vorfahren hätte so gehandelt. Wer gibt dir das Recht, Angst vor meiner Armut zu haben?«

Vivekananda verneigte sich und ging nach Dakshineswar, fest entschlossen, all seinen Sorgen dadurch ein Ende zu bereiten, daß sein Guru ihn einweihte. Aber auf dem Weg dorthin überlegte er: »Ich muß für die Meinen sorgen. Was helfen mir mutige Vorfahren, bin ich denn etwa einer von ihnen? Bevor mir Ramakrishna nicht sagt, daß für meine Familie gesorgt ist, werde ich mich nicht in den Dienst Gottes stellen.«

Derartig zu sich selbst sprechend ging er seines Weges. Gleichzeitig aber wurde in ihm die Sehnsucht so mächtig, von seinem Meister die letzte und vollkommene Erleuchtung zu erhalten, daß er ihr nicht mehr widerstehen konnte. Als er schließlich den Meister traf, stand sein Entschluß fest.

Offensichtlich hatte Ramakrishna seinen inneren Kampf mitempfunden, denn voller Güte sagte er zu ihm: »Der Herr ist stärker als irgendeiner von uns. Warum läßt du deine Gedanken von Sorgen quälen?«

Heftig erwiderte Vivekananda: »Herr, ich muß der

Welt entsagen; aber die Hungernden, für die ich die Verantwortung trage, müssen vor dem Hungertod gesichert sein. Willst du nicht doch zur Heiligen Mutter sprechen?«

Ramakrishna antwortete: »Mit solchen Belanglosigkeiten will ich Sie nicht belästigen. Aber ich versichere dir, daß es den Deinen nie am Nötigen fehlen wird.« Dieses gütige Versprechen des Meisters beseitigte die letzten Hindernisse auf Vivekanandas Weg zur Einweihung.

Er empfing die Einweihung und erhielt den Namen Vivekananda. Dies war nicht sein ursprünglicher Name; seine Eltern hatten ihn Narendra genannt. Die Namen, die den Schülern bei der Einweihung gegeben werden, findet der Meister in der Meditation und werden nicht zufällig gewählt. Der Name Vivekananda bedeutet »Seligkeit der Unterscheidungskraft«. Wie kam er zu diesem Namen? Als junger Novize war er so gütig, daß er auch für andere die gleichen Wohltaten erhoffte, die er selbst von Ramakrishna empfing. So brachte er dem Heiligen die verschiedensten Menschen und bedrängte ihn, er möge ihnen die »Glückselige Schau« gewähren. Ramakrishna stöhnte geduldig: »Wie kann ich jedem des Wegs Daherkommenden diese Schau geben, wenn er sie nicht mitbringt? Warum gebrauchst du nicht deine Unterscheidungskraft?« Zweifellos lebte die Fähigkeit der Unterscheidung in Vivekanandas Gedanken und Seele, sein Herz aber mußte von sentimentalen Gefühlen gereinigt werden. Während dieser vier bis fünf Jahre seiner Vorbereitung auf die Einweihung blieb sein Herz zwar weiterhin empfindsam, aber es wurde immer stärker in der Kraft der Unterscheidung. So erhielt er bei der Einweihung von seinem Guru den Namen Vivekananda – Unterscheidungsfähigkeit, die Glückseligkeit ist. Zum letzten Mal warnte ihn der Heilige vor sentimentalen Gefühlen: »Drei Dinge sollen deine Lebenshaltung bestimmen: verliere nie deine Sehnsucht nach Gott. Achte alle aufrichtigen Gottesverehrer, ganz gleich wo und wann. Versuche nicht, auf sentimentale Weise zu anderen nett zu sein. Du Tor, kleiner als ein Insekt, wie kannst du es wagen, eines Seiner Geschöpfe durch dein Mitleid zu demütigen. Deine Aufgabe ist es, in jedem Lebenwesen den Absoluten Gott zu sehen und Ihm zu dienen.« Das war Ramakrishnas goldene Regel: »Erkenne in jedem Lebewesen den Absoluten Gott und diene Ihm.«

Nach seiner Einweihung mußte Vivekananda noch härter arbeiten als zuvor. Er mußte noch schwerere Konzentrationsübungen meistern – doch dies ist ein Wissen und Können, über das nur ein Eingeweihter berichten kann. Glücklicherweise hat Vivekananda einige seiner Erfahrungen in seinem vor allem in Amerika bekannten Buch über Raja-Yoga niedergeschrieben.

Nachdem Vivekananda alles gelernt und gemeistert hatte, was Ramakrishna ihn lehren konnte, wurde er auf eine Pilgerfahrt zu den verschiedensten Yogis geschickt, die weit verstreut über ganz Indien lebten. Während dieser Entdeckungsreise traf der junge Eingeweihte Pavahari, den »Luftesser«, einen der größten Yoga-Lehrer der Neuzeit. Der Luftesser faszinierte Vivekananda, denn er beherrschte meisterhaft das Yoga. Er vermochte dasselbe zu tun wie Ramakrishna, und es beglückte Vivekananda, aus einer anderen Quelle eine Bestätigung für die Echtheit der Kräfte seines Meisters zu erhalten. Er blieb lange beim Luftesser. Schließlich aber stellte er fest, daß diesem großen Yogi etwas fehlte. Trotz all seiner Kräfte fehlte Pavahari das Mitleid. Er wollte nicht in dieser Welt von schwachen und leidenden Menschen leben, um ihnen zu helfen. Er glaubte nicht, daß andere Menschen seiner Hilfe bedurften und meinte: »Wenn sie meine Hilfe brauchen, werden sie schon in meine Höhle auf der Bergspitze kommen. Ich bin nicht willens hinunterzusteigen, um auf Marktplätzen zu leben und zu lehren. Wollen die Menschen stark wie Löwen sein, dann müssen sie auch in die Wüste ziehen und dort leben.«

Dieser Satz öffnete Vivekananda die Augen. In diesem Augenblick wußte er, daß der Luftesser kein vollkommener Guru war. Pavahari hatte nicht das spirituelle Format Ramakrishnas. Sobald Vivekananda dies erkannt hatte, verließ er die Höhle des Luftessers. Er kam nach Dakshineswar und gab Ramakrishna einen vollständigen Bericht über die Erfahrungen, die er während seiner einjährigen Pilgerschaft gemacht hatte. Dann fragte er ihn: »Warum hortet der Luftesser sein Wissen in einer Berghöhle und verstreut nicht – so wie du es tust – alles, was er hat, über die Welt?«

Ramakrishna lächelte über seinen unbefangenen, naiven Schüler. »Aber ich horte es hier. Ich gehe nicht auf die zahlreichen großen Plätze, um zu predigen. Oder etwa nicht?«

»Nein, du bist so gütig, jedermann zu helfen, und du lebst hier, wo jeder dich leicht finden kann.«

Da erklärte ihm Ramakrishna: »Der Luftesser legt mehr Wert auf die Reinheit, in der das Wissen um Gott bewahrt werden muß. Es sollte vor unwissenden und profanen Menschen geschützt werden. Des Luftessers Vorliebe ist gut; ich aber habe keine Vorliebe.«

»Es muß noch einen tieferen Grund geben«, meinte Vivekananda.

Ramakrishna aber lächelte und sprach nicht weiter.

Nun, da Vivekananda weit gereist war und alles, was die übrigen Lehrer Indiens ihm an Erkenntnis und Wissen zu geben vermochten, studiert hatte, war er reif für die nächste Stufe seiner Entwicklung. Nachdem ihn Ramakrishna noch weiter unterwiesen hatte, sagte der Meister zu ihm: »Nun erprobe dich in der Auseinandersetzung über religiöse Fragen mit den Gelehrten und Yogis, die mich besuchen kommen. Prüfe, was du gelehrt wurdest, indem du es an ihrem Wissen mißt. Du hast Gold bekommen, nun muß es durch das Feuer der Kritik.«

Tag für Tag maß sich Vivekananda nun in schweren Diskussionen mit Pandits und heiligen Männern, die nach Dakshineswar kamen. Alle Streitgespräche wurden in Sanskrit geführt. Die Hauptregel dabei war, daß alle zur Argumentation verwendeten Zitate aus den heiligen Schriften wörtlich genau und aus dem Gedächtnis vorgetragen werden mußten. Niemand durfte etwas ablesen.

Nachdem Vivekanandas Überlegenheit in der intellektuellen Debatte hinreichend erwiesen war, drängte schließlich einer der Besucher Ramakrishna, diesem Unsinn ein Ende zu bereiten. Er sagte: »Was können deine Schüler dabei gewinnen, wenn sie anderer Leute Intellekt demütigen? Nimm zum Beispiel den jungen Vivekananda, er verliert nie eine Debatte. Eines Tages wird er eingebildet und streitsüchtig werden wie eine Schlange, die ihr Haupt gegen jeden erhebt.«

Ramakrishna erwiderte: »Durch diese Übungen stärkt er seine Verstandeskräfte. Wenn ich eines Tages nicht mehr hier bin, wird er sich mit den Gelehrten ferner Länder messen müssen. Deshalb muß ich mich jetzt darum kümmern, daß er gut gewappnet und vorbereitet ist. Und was Anmaßung und Eitelkeit betrifft, so werden sie ihn nie mehr berühren, denn er ist eine verwirklichte Seele. Er besitz keine Unreife mehr.«

Kurze Zeit danach schickte Ramakrishna Vivekananda wieder auf Wanderschaft. Dieses Mal bereiste er Indien der ganzen Länge und der ganzen Breite nach. Es gibt kaum eine Gegend, die er nicht besuchte. Wenn es Bahnlinien gab, benutzte er den Zug; und wohin keine Bahnstrecken führten, dorthin ging er zu Fuß.

Vivekananda hatte sich nur widerstrebend zu dieser zweiten Pilgerfahrt aufgemacht. Er flehte Ramakrishna an: »Ich will nicht reisen. Ich möchte in deiner Nähe sein. Du bist der, den ich liebe. Durch dich bin ich erlöst worden; von dir habe ich alles gelernt, was Wert ist, gelernt zu werden. Oh, ich bitte dich, schick mich nicht weg! Laß mich hier bleiben und von dir lernen.«

»Du mußt reisen!« antwortete Ramakrishna entschieden. »Du mußt die Behausungen der einfachen Leute aufsuchen, denn sie schöpfen ihre Lebenskraft aus einem unvergänglichen Geheimnis. Bald nach meinem Tod wird der Tag kommen, an dem du der Menge hier in Indien und in fernen Ländern wirst predigen müssen. Dann wirst du die Früchte deiner gegenwärtigen Anstrengungen ernten. Dann wird deine Stimme von tausend spirituellen Verwirklichungen künden.«

Einen Segenswunsch auf den Lippen und die Holzschale des Bettlers in der Hand begab sich Vivekananda zum zweiten Mal auf Pilgerfahrt, um diesmal von den Niedrigsten der Niedrigen zu lernen, von jenen, die völlig verloren sind – und doch heilig.

Obwohl Vivekananda unerkannt reiste – wer sollte sich auch für den Namen eines Mönchs interessieren – hinterließ er bei vielen den unauslöschlichen Eindruck seiner Persönlichkeit. »Nur ganz wenige blieben in Vivekanandas Gegenwart von seiner befruchtenden Spiritualität, die ihm sein geistiger Vater Ramakrishna vermittelt hatte, unberührt.«

Der aus Maharashtra stammende und kürzlich verstorbene Sanskrit-Lehrer und Patriot Tilak traf Vivekananda eines Tages in einem Zugabteil. Tilak beschreibt diese Begegnung folgendermaßen: »Er saß auf dem Sitz neben mir. Ich betrachtete ihn. Er sah aus wie ein Buddha. Doch ich verachtete Bettelmönche, gleichgültig wie sie aussahen. Um mich zu amüsieren, beschloß ich, diesen ungebildeten Möchtegern ein wenig zu demütigen, indem ich mit ihm über Metaphysik zu sprechen begann, und zwar in Sanskrit. Denn ich war sicher, daß er noch nie ein Wort über Philosophie gehört hatte – und noch dazu in Sanskrit. So fing ich also an. Zu meiner völligen Überraschung antwortete er mir in der Sprache der Götter. Aber dies genügte nicht, mich umzustimmen, und so begann ich, mit ihm über den Vedanta zu diskutieren. Je länger unsere Debatte dauerte, desto mehr wurde ich von zwei Dingen überrascht: von der Klarheit seiner Gedanken und von seinem gehobenen Stil. Als der Zug in meinem Heimatort Poona ankam, lud ich ihn zu einem Aufenthalt bei mir zu Hause ein. Obwohl er eine ganze Woche bei uns blieb, fragte ich ihn nicht nach seinem Namen. Denn warum sollte ich einen Menschen, der der Welt entsagt hat, mit einer so weltlichen Nebensächlichkeit behelligen?

Etwa zehn Jahre später las ich in der Zeitung Berichte über Vorlesungen über den Vedanta, die ein gewisser

Vivekananda in Amerika gehalten hatte. Nachdem ich einige Sätze seiner Vorträge mehrfach gelesen hatte, wußte ich: das ist mein junger Heiliger; diese Worte tragen den Stempel seines Geistes. Nachdem er nach Indien zurückgekehrt war, traf ich ihn. Und natürlich – es war Vivekananda.«

Alle Erfolge, die dieser »junge Heilige« erreichen sollte, hatte Ramakrishna vorhergesehen. Aber das Beste, was Vivekananda schuf, hatte er, wie er selbst bekennt, zu den Füßen seines Meisters empfangen. »Wenn ich je etwas Ursprüngliches, Edles und Gutes gesagt habe, so verdanke ich es ihm. Und wenn du mich fragst, welchen Preis ich dafür zahlen würde, ihn gekannt zu haben, so kann ich nur sagen: wenn es eine Hölle gibt, so wäre ich bereit, dreitausend Jahre in ihr zu leben für jedes Jahr, das ich in der Gemeinschaft mit Ramakrishna verbringen durfte.«

Nach Vivekanandas Rückkehr von seiner zweiten langen Pilgerreise sagte der Meister zu ihm: »Nun, da du die Mühen und harten Entbehrungen der Wüsten und der Dschungel gemeistert und fast alles gesehen hast, was es zu sehen gibt, bleibe von jetzt an bei mir. Hilf mir, all jene, die hierherkommen, zu unterweisen und sie zu segnen. Bald müssen wir unsere gemeinsame Arbeit beenden, denn für mich naht die Zeit des Abschieds.«

Ramakrishna und seine Schüler

Wie ich bereits erwähnte, ist Turiyananda, einer der bedeutendsten Schüler Ramakrishnas, kürzlich in Benares gestorben. Es war mir vergönnt, ihn noch vor seinem Tod zu sehen. Da er sich über sein nahes Ende bewußt war, tat er sein Äußerstes, um den Menschen alles mitzuteilen, was er vom Yoga, vom Vedanta und von Shri Ramakrishna wußte. Obwohl Turiyananda ein sehr schweigsamer Mensch war, sprach er nun ohne die geringste Zurückhaltung. Da er kaum reiste, mußten jene, die ihn zu sehen wünschten, das Kloster von Benares aufsuchen, in dem er lebte. Im Kloster wie in der ganzen heiligen Stadt wurde er Swami Kesari, der »Mann mit der Mähne« genannt. War sein Gesicht auch voll Mitgefühl, so hatte es doch auch den unerbittlichen Ausdruck eines Löwengesichts: nicht eine Spur überflüssigen Fleisches, nicht eine einzige Sorgenfalte war zu sehen. Wer Turiyananda sah, erkannte in ihm einen Sohn Gottes.

Eines Tages machte ich mit ihm und noch einem jungen Mann einen Spaziergang. Turiyananda ging ein wenig vor uns her, und wir folgten ihm in einem Abstand von etwa fünf Metern. Kaum waren wir einige Minuten gegangen, da kreuzte ein Bauer unseren Weg. Im Vorbeigehen schaute er in das Gesicht des heiligen Mannes. Nachdem er uns bemerkte und in unseren Augen gelesen hatte, daß wir seinen starrenden Blick auf den Heiligen beobachtet hatten, blieb er plötzlich stehen und fragte: »Wer ist der Mann da vor euch?« »Warum willst du das wissen?« erwiderten wir. Der Bauer schwieg einen Augenblick, dann sagte er: »Niemand kann sein Haupt so tragen wie dieser Mann, nicht einmal ein König oder ein Handelsfürst. Nur der Sohn des Wahren Königs kann so sein Haupt tragen. Er ist sicherlich ein Brahmanjnanin; ein Mensch, der Gott geschaut und verwirklicht hat.« Eine derart majestätische Ausstrahlung hatte Swami Turiyananda. Sie war rein spirituell, deshalb teilte sie sich ohne weiteres selbst dem einfachsten Bauern mit.

Ein Mann aus dem Volk erzählte mir von der Kindheit und Jugend Turiyanandas. Ich erfuhr, daß er in einer strenggläubigen Brahmanenfamilie in Bengalen geboren wurde. Sein Vater, der einer der größten Sanskritgelehrten seiner Zeit war, lehrte ihn den Vedanta und den Yoga. Noch vor seinem zwanzigsten Lebensjahr kannte Turiyananda die Yoga-Sutras von Patanjali auswendig. Was die Mimamsa-Philosophie betrifft, so kannte er nicht nur die Purva-Mimamsa, sondern auch die Uttara-Mimamsa.* Er beherschte diese Lehren so gut, daß er, wenn sein Vater abwesend war, dessen Unterrichtstunden übernahm. Noch im hohen Alter habe ich ihn mehr als zwei Stunden lang Verse

* Im Gegensatz zur *Uttara-Mimamsa*, die sich mit der Erkenntnis der Wahrheit befaßt, ist das Hauptanliegen der *Purva-Mimamsa* das korrekte Vollziehen der Riten. Anm. d. Ü.

und Kapitel der Upanishaden und des Shankara-Vasya auswendig vortragen und erklären gehört. Er setzte die Pandits, die ihn um Rat fragten, nicht nur durch die Genauigkeit seiner Zitate, sondern auch durch die hinreißende Klarheit seiner Auslegungen in Erstaunen. Eines Tages fragte ihn jemand: »Wo erwarbst du dein überwältigendes Wissen und diese Kraft, Menschen zu überzeugen?«

Der »Heilige mit der Mähne« antwortete: »Mein Vater hat mich fast alles gelehrt, und Shri Ramakrishna hat meine Kenntnisse vollendet.«

Schon von Kindesbeinen an zeigte Turiyananda einen so tiefen religiösen Eifer, daß seine ganze Familie dachte, er würde einmal ein heiliger Mann werden. So war auch niemand in der Familie erstaunt, als er eines Tages – er war damals zwanzig Jahre alt – nach Hause kam und erklärte, er habe seinen Guru gefunden. Er berichtete folgendes: »An diesem Nachmittag nahmen mich einige meiner Klassenkameraden mit nach Dakshineswar, um mir Ramakrishna zu zeigen. Wie gewöhnlich war der Meister von einer Gruppe von Zuhörern umgeben. Ich mußte warten, bis jene, die vor mir gekommen waren, ihre Fragen gestellt hatten. Als ich dann an die Reihe kam, fragte ich den Meister: 'Kann jeder Mensch Gott erkennen?' Und er antwortete: 'Wenn Gott es will.'

Diese Antwort Ramakrishnas gab mir zu denken. Wie kommt es, daß alle Menschen, die Gott geschaut haben, das Gleiche gesagt haben? Shankara zum Beispiel, der fast schamlos hochmütig war, sagte nach seiner Gottesverwirklichung: 'Ich bin ein Teil von Dir; durch Dein Erbarmen kann ich eins mit Dir sein.' Das Gleiche haben Chaitanya und andere Heilige gesagt. Und jetzt verkündet Ramakrishna ebendieselbe Wahrheit. Ich hatte den Yoga studiert und ihn bis an seine äußerste Grenze praktiziert. Aber das reichte nicht aus. Nun mußte ich nach Dakshineswar gehen, damit Ramakrishna mich die Kunst lehrte, Gottes Erbarmen zu erwecken.«

Nach dieser ersten Zusammenkunft machte Turiyananda, durch seine Familie bestärkt, weitere Besuche bei Ramakrishna. Bei einem dieser Besuche begegnete er Vivekananda. Bald fühlten sie sich beide tief zueinander hingezogen. Von nun an studierten sie gemeinsam zahlreiche alte Sanskritwerke. Konnten sie eine Textstelle in den Upanishaden oder in einem der Werke über den Yoga nicht verstehen, dann baten sie Ramakrishna um seine Erklärung; denn allein seine Antworten vermochten sie vollkommen zu befriedigen. Als er ihnen einmal ein ganz besonders schwieriges Problem, das sich ihnen durch ihre Lektüre stellte, gelöst hatte, riefen sie aus: »Wie kommt es, Meister, daß du, der du nie diese Bücher gelesen hast, weißt, was sie bedeuten?«

Ramakrishna antwortete: »Ich gehöre zum Großen Haus der Erkenntnis. Den Ort, an dem ich war, den haben eure Bücher nicht erreicht.«

Ein andermal sagte er: »Wenn du den Schöpfer erkennst, so hast du automatisch auch Seine gesamte Schöpfung erkannt und sie wie einen Fisch im Netz deiner Erkenntnis gefangen.«

Eines Abends, als sie nach Hause gingen, sagte Vivekananda, ganz erfüllt von der Freude und dem Segen, in Ramakrishnas Nähe zu sein und seine Worte zu hören, zu Turiyananda: »Sag mir, was denkst du über den Meister?«

Turiyananda antwortete: »Das kann ich nicht mit Worten ausdrücken. Doch laß mich einen alten Sanskritvers zitieren:

'Wäre der Himalaya ein Tintenfaß,
Und der Ozean die Tinte,
Und gäben die unermeßlichen Wälder all ihre Blätter,
Damit die Muse selbst ihr Lob auf sie schriebe;
Ihre Feder, schnell wie der Blitz,
Könnte nicht einmal beginnen,
Seine Herrlichkeit zu beschreiben!'«

Durch Turiyanandas Persönlichkeit konnte man die spirituelle Größe Ramakrishnas ahnen. Unbestritten war Turiyananda zu seiner Zeit ein Heiliger, der auf der ganzen Welt verehrt wurde. Er sprach sehr wenig, doch wenn er seinen Mund öffnete, dann äußerte er seine Meinung in unmißverständlichen Worten. Ich habe gehört wie er mit einer Ehrfurcht und Verehrung von Ramakrishna sprach, die andere Gott vorbehalten.

Wenige Jahre nach seinem ersten Besuch bei Ramakrishna nahm Turiyananda die Schale des Bettlers und wurde Novize (Brahmacharin). Bald danach empfing er die Einweihung (Sannyas). Er gab seinen Namen Hari auf, und erhielt von Ramakrishna den Namen Turiyananda. Das Wort »Turiya« ist schwer zu übersetzen. Es bezeichnet einen Zustand kosmischen Bewußtseins. Dieser Zustand liegt vor dem höchsten Bewußtseinszustand, dem der völligen Identität mit Gott. Wer den Turiya-Zustand erlangt hat, kann nach Belieben weitergehen und Samadhi, Identität, realisieren. Da wir in einem späteren Kapitel noch einmal auf das Lebenswerk Turiyanandas zurückkommen werden, will ich jetzt über jenen einzigartigen Schüler Ramakrishnas sprechen, dessen Name Lattu Maharaj war.

Turiyananda war, wie schon gesagt, ein Gelehrter; und doch verachtete er grenzenlos die Art von Gelehrsamkeit, die nicht mit der Gottesverwirklichung einhergeht. Leidenschaftlich bewunderte er die Gottesverwirklichung ohne gelehrte Kenntnisse. Aus diesem Grund hatte er eine so hohe Meinung von Lattu, der ein junger Mann ohne Bildung und der Diener eines reichen Kaufmanns im Westen Indiens war. In Begleitung seines reichen Herrn kam Lattu erstmals während einer Pilgerreise in das östliche Indien. Während sie durch Kalkutta kamen, hatte dieser Kaufmann, um sich Verdienste zu erwerben, alle Pflichten der Mildtätigkeit und Almosengabe erfüllt, die ihm seine Religion vorschreibt. Aber das war ihm noch nicht genug, und so stellte er allen Männern und Frauen, die er traf, die Frage: »Gibt es nichts anderes, was ich tun kann, um noch mehr Verdienst zu erwerben?« Schließlich verärgerte das einen seiner Diener so sehr, daß er ihm den Hinweis gab: »In Dakshineswar lebt ein heiliger Mann, dem du deine Verehrung noch nicht bezeugt hast.«

So reiste der Kaufmann am nächsten Tag mit seinem Gefolge nach Dakshineswar. Auf prächtigen Schiffen fuhren sie den Ganges hinauf. Man kann sich das Bild leicht vorstellen. Der Kaufmann trug einen goldfarbenen Turban und ein ganz weißes Pilgergewand, sein weißer Bart war sorgfältig gekämmt und parfümiert. Mit scharfem Blick wachte er über alles. Seine dunklen Augen betrachteten aufmerksam die Güter und Menschen auf seinem Schiff, während die Boote mit ihren türkisblauen Segeln vom Südwind angetrieben über das gelbbraune Wasser dahinglitten. Hinter ihm folgten, in drei anderen weißen Booten, seine in rot, blau und purpur gekleideten Diener. In einem der Boote saß Lattu, eine mit Edelsteinen besetzte Platte aus reinem Gold in den Händen haltend – die Gabe, die dem Heiligen dargebracht werden sollte. In diesem Augenblick ahnte Lattu noch nicht, daß der Heilige nichts geringeres als die Gabe seiner Seele von ihm fordern würde. Sie fuhren langsam stromaufwärts, an grünen Ufern entlang, die in der heißen Morgensonne wie Smaragde glänzten. Sie kamen an Badenden vorbei, die ihre morgendlichen Waschungen verrichteten, und begegneten mit Früchten beladenen Barken, die schnell dahinzogen. Zu Pyramiden aufgehäufte Berge von Orangen und Mangofrüchten leuchteten unter jadegrünen Segeln.

Schließlich erreichten sie Dakshineswar. Wie juwelengeschmückte Insekten, die die Wände eines riesigen Palastes emporkriechen, stiegen sie langsam die großen Granitstufen der Ufertreppe hinauf. Oben angekommen, wandten sie sich nach links und ließen das Heiligtum der Göttlichen Mutter rechts liegen. Heute war es nicht die Göttin, die sie besuchen wollten; sie waren gekommen, um ihn, den lebenden Lehrer, zu sehen. So gingen sie in Richtung des Gartens. Nach etwa hundert Metern hörten sie durch die offene Tür eines Zimmers eine tiefe, klangvolle Stimme. Unverkennbar, dies konnte nur die Stimme des Meisters sein. Sie warteten, bis er zu sprechen aufgehört hatte. Als es drinnen still geworden war, wagten sie einzutreten. Zuerst der Kaufmann, dann Lattu mit der als Gabe bestimmten Platte aus Gold. Die kühle Dunkelheit des Zimmers wirkte erfrischend auf sie. Sie warteten und schauten sich um. Nach und nach gewöhnten sich ihre Augen an das dämmrige Licht. Ein großer alter Mann, der nicht besonders anziehend aussah, saß auf einer langen Couch, von einem schneeweißen Kissen gestützt. Seine Kleider waren beinahe ganz von seinem Körper geglitten, doch er achtete nicht darauf. Zu seinen Füßen saßen aufmerksame Zuhörer mit kahlgeschorenen Köpfen. Das Eintreten der Fremden wurde mit keinem Wort beachtet. Der Kaufmann verneigte sich und sprach einige passende Worte. Dann trat Lattu vor und legte die Gabe zu Füßen des Meisters nieder. Die kostbaren Edelsteine strahlten zu ihm hinauf, aber Ramakrishna bemerkte sie nicht, denn sein Blick war auf Lattus Gesicht gerichtet. Dies Gesicht, das er so lange erwartet hatte, stand endlich in seiner ganzen Unschuld vor ihm. Lattu wußte noch nicht, was geschehen war. Nachdem die Zeremonie beendet war, ging er mit seinem Herrn fort, die Edelsteine und die goldene Platte zu verkaufen, um den Erlös unter die Armen zu verteilen. So hatte es ihnen der Meister befohlen.

Zwei Tage später kehrte Lattu zurück. Im selben Zimmer, auf seiner Couch sitzend, sprach Ramakrishna, und ungefähr ein halbes Dutzend seiner Schüler hörten ihm aufmerksam zu. In dem Moment, als Lattu das Zimmer betrat, erhob sich der Meister zu seiner ganzen Größe und sagte: »Warum? Warum kommst du zurück?«

Tränen überströmten Lattus Gesicht und er antwortete: »Herr, in der Vergangenheit konnte ich dich nicht finden, so laß mich dich in diesem Leben nicht verlieren.«

Dann warf er sich zu Boden und verbarg sein Gesicht zwischen den Füßen des Meisters.

Lattus Bekehrung geschah augenblicklich und spontan. Er mußte sich nicht durch Bücherwissen hindurcharbeiten. Turiyananda soll über ihn gesagt haben: »Viele von uns tappten lange durch die schlammigen Gewässer der Gelehrsamkeit und kämpften mühsam gegen die Fluten des Hochmuts, um die andere Seite zu erreichen, wo der Herr ist. Dieser Lattu aber hat, wie der Affe Hanuman, mit einem Sprung alle Hindernisse überwunden, und sich zu Füßen des Heils (Mukti) niedergelassen. Welche Einsicht! Welch spirituelle Gewißheit! Lattu war uns allen überlegen! Er kam zu seinem Meister, unbefleckt vom Hochmut der Gelehrsamkeit und ohne die Narben vom scharfen Biß des Zweifels.«

Nach Ramakrishnas Tod verbrachte Lattu den Rest seine Lebens im Kloster von Benares, ganz in der Nähe von Turiyananda. Dem Kloster ist auch ein Krankenhaus angeschlossen, in dem mittellose Kranke von Mönchen und Nonnen gepflegt werden. Lattu mißtraute den »guten Werken«. Er hatte das Empfinden, daß Männer und Frauen, die Gutes tun, ohne das Geheimnis des Lebens geschaut zu haben, allzu leicht zu Gefangenen einer Gewohnheit werden, aus der heraus nichts wirklich Gutes entstehen kann. Eines Tages sagte ein eingebildeter junger Bursche zu ihm: »Ich stimme mit dir völlig überein: Gutes Tun ist eine Falle.«

»Doch heilige Männer wie Turiyananda und Vivekananda sind in sie hineingefallen«, erwiderte Lattu. »Diese Falle ist es also Wert, daß man in ihr gefangen wird.«

Lattu war überzeugt, daß wir Gutes tun, wenn wir die ganze Güte Gottes *werden*.

Lattu glaubte nicht an die Heilung durch die Kraft von Gebeten. Wenn er krank war, ging er immer zu einem Arzt; er empfand keine krankhafte Verliebtheit in den Schmerz. Eines Tages, als er barfuß spazierenging, schnitt er sich den Fuß an einem scharfen Stück Blech. Er hinkte nach Hause zum Kloster und begab sich zur Hütte Turiyanandas. »Endlich!«, rief er ihm zu, »endlich höre ich den Ton der Flöte Gottes, die mich zum Treffen mit meinem Geliebten ruft.«

Als Turiyananda den verletzten Fuß sah, schickte er sofort nach einem Arzt und wollte, daß Lattu sich niederlegte. Lattu aber sagte: »Dieses Mal ist es nutzlos. Ich höre Ihn, wie Er mich mit dem Gesang Seiner Flöte zu sich ruft. Kein Arzt kann mich daran hindern, pünktlich bei diesem Treffen zu sein.«

Trotz aller Bemühungen der Ärzte kam Brand in die Wunde. Lattu wanderte zwischen Strömen von Licht. Innerhalb vierzehn Tagen hatte Lattu die Heimat seines Geliebten erreicht.

So endet die Geschichte des ungelehrten Schülers Ramakrishnas. Er versenkte sich in Meditation, und die letzten vier Tage seines Lebens verharrte er im Zustand des Samadhi. Niemals verlor er sein Bewußtsein. »Bis zu dem Zeitpunkt, da er seinen Körper verließ«, so erzählten die Mönche, »blieb er im Zustand vollkommener Einheit mit Gott.«

Beschreibung des Unbeschreiblichen

Der Leser mag sich fragen: Was meinte Ramakrishna mit dem Begriff »Gott schauen«? Was bedeutet Samadhi? Welches sind die Stufen der Entwicklung, die man durchlaufen muß, um den Zustand des Samadhi zu erreichen?

Während der Zeit, in der ich die Legenden über Ramakrishna sammelte, erschien es mir immer notwendiger, zu versuchen, die Natur der spirituellen Erfahrungen zu erfassen, die Ramakrishna seinen Schülern vermittelte. Wie kam es, daß diese jungen, kräftigen und gesunden Menschen nie seiner überdrüssig wurden? Was veranlaßte sie dazu, mit so großer Hingabe seine Nähe zu suchen? Welche Wunder zeigte er ihnen? Wie kam es, daß sie unempfindlich wurden gegenüber den Verlockungen dieser Welt? Bot ihnen Ramakrishna einen größeren und tieferen Anreiz?

In Benares stellte ich alle diese Fragen Swami Turiyananda. Er gab mir folgende Antwort:

»Ramakrishna zeigte uns das Gesicht des Ewigen. Danach blieben wir bei ihm in der Hoffnung, durch sein Erbarmen und durch seine Unterweisungen Gott von neuem zu schauen. Wer einmal sein Schüler war, der blieb es für immer! Stelle dir die Möglichkeit vor, in den Zustand des Samadhi hineingeworfen zu werden – ein Ziel, für das die Menschen hunderte von Wiedergeburten erleiden – allein durch eine einzige Berührung seines Fingers oder Fußes! Wie hätten wir ihn je verlassen können, wir, die wir so begierig wie alle jungen Menschen danach verlangten, die Vollkommene Glückseligkeit wieder und wieder zu kosten? Er befähigte uns, zumindest einmal, in die Augen Gottes zu blicken; das machte uns natürlich blind für diese Welt. Hier können wir nichts sehen, und was unsere Augen auch erblicken, es ist erfüllt vom strahlenden Licht des '*Tat*' (Das). Alles, was wir sehen, hören oder fühlen, sagt uns: 'Du bist Er, du bist Das – *tat tvam asi*!' Das ist es, was Ramakrishna für uns getan hat. Nach einem solchen Erlebnis blieben wir an ihn gebunden, wie es der Vogel an den Himmel ist; wie weit er auch in irgendeine Richtung fliegen mag, er bleibt doch immer unter der Obhut des Himmels.«

Oft drängten seine Schüler Ramakrishna, ihnen das Unbeschreibliche zu beschreiben. Er aber versicherte: »Das Gott-Bewußtsein kann nicht mit Worten erklärt werden. Nicht Worte, nur Erfahrung, nur eigenes Erleben kann dir die ganze Großartigkeit des Unsichtbaren offenbaren.«

Trotzdem drängte ihn eine kleine Gruppe seiner Schüler, mit ihnen vor allem über seine eigene Erfahrung des Samadhi, des vollkommenen Einsseins mit dem Absoluten (Brahman), zu sprechen.

Ramakrishna bat, man solle ihm das erlassen: »Ich sehe nicht ein, warum ich es euch erklären sollte, euch, die ich anleite und unterstütze, diese Erfahrung selbst zu machen. Wenn es mit Worten beschrieben werden kann, warum tut ihr es dann nicht selbst?«

»Aber, geliebter Meister«, entgegneten die Schüler, »wir sind nicht fähig, so lange wie du in diesem Zustand zu verweilen. Du aber, der du sechs oder sieben Tage lang ununterbrochen in Samadhi warst, du kannst es erklären. Wie dürften wir in Gegenwart des Schweigens sprechen?« Aber Ramakrishna lächelte nur über dieses plumpe Kompliment.

Da versuchte ein scharfsinniger junger Mann, Ramakrishna auf andere Art zum Sprechen zu bringen. »Meister, wie können wir wissen, ob jeder von uns zu derselben Erfahrung gelangt, da ja unsere Wege verschieden sind? Wenn ich zum Beispiel meditiere, und mein ganzes Sein durch den Gedanken der Einheit zum Leben erwacht, so wird doch meine spirituelle Kraft nicht in derselben Art wirken, wie die von jemand anderem.«

»Nun«, erwiderte Ramakrishna, »in diesem Fall wird verglichen, auf welche unterschiedliche Art die menschliche Intuition arbeitet. Das ist leicht zu beschreiben. Ich habe alle diese Wege beschritten, um ihre Wahrheit zu prüfen. Doch wie meine spirituelle Kraft auch wirken mochte, am Ende erhob sie sich auf die Ebene des siebten Tals und dort schaute ich ...«

In diesem Augenblick ging Ramakrishna in Samadhi ein. Er hörte auf zu atmen. Sein Herz stand still und sein Puls schlug nicht mehr. Wäre nicht die Temperatur seines Körpers gewesen, man hätte ihn für tot halten müssen. Dieser Zustand ihres Meisters war für seine Schülern nichts Beunruhigendes; sie hatten ihn oft so gesehen, manchmal sogar Tage lang ...

Als er schließlich aus dem Samadhi zurückkehrte, nahm er das Gespräch wieder auf: »Oh, meine Söhne!

Ich will versuchen, es euch zu erklären. Aber dieses Erlebnis ist so unfaßbar, daß Worte es nicht wiedergeben können. Ihr müßt selbst hineinspringen und untertauchen in den Wassern dieser Erfahrung! Es gibt keinen anderen Weg, sie zu ergründen. Wie geschickt dein Verstand und dein Intellekt auch sein mögen, sie können den Blitz des Gott-Bewußtseins nicht einholen. Sie können nur den Staub der Wörter aufwirbeln und sich in ihm verlieren.«

»Aber Herr, du sagtest doch, daß du uns die verschiedenen Wege erklären kannst, auf denen sich im Menschen die Schau der Seele, das Dharma-Auge, erhebt.«

»Ja«, stimmte Ramakrishna zu, »obwohl das, was das Dharma-Auge sieht, nicht beschrieben werden kann, so können doch die Wege, die die Seele beschreitet, in Worte gefaßt werden. Gibt es auch nur ein Ziel, so sind doch die Wege, die zu ihm führen, verschieden. Die Rishis, die weisen Seher der Vorzeit, haben mindestens fünf verschiedene Arten genannt, wie die Seelen-Energie zu Gott aufsteigen kann, wenn die Menschen sie durch Gebet und Meditation erwecken. Manchmal, so berichten die Rishis, bewegt sich die menschliche Seelen-Kraft durch Sprünge vorwärts, wie eine Kröte. Ein andermal bewegt sie sich in Kurven vorwärts, wie eine Schlange, die sich durch schnelles Hin- und Herzucken einen Hügel hinaufwindet. Es gibt noch einen anderen Weg. Jede Zelle deines Körpers wird ruhig und das Schlagen deines Herzens langsam; die Stetigkeit des Rhythmus, durch den deine intuitiven Wahrnehmungskräfte geweckt werden, ist langsam aber zielstrebig und unaufhaltsam, wie der Zug einer Ameisenkolonie von einem Nahrungsplatz zum andern. Die vierte Art der Fortbewegung ist wie die des Vogels. Du weißt, wie

Vögel von einem Baum auffliegen und scheinbar ziellos in der Luft umherschwirren. Schließlich aber lassen sie sich auf einem Baum in der Ferne nieder, den sie schon die ganze Zeit im Sinn hatten. Auf dieselbe Art schwingen sich die Kräfte der Seele empor, um sich dann im Göttlichen niederzulassen, wenn sie durch beständige Hingabe genügend angeregt werden. Jedes Atom deines Wesens scheint dann emporzufliegen auf den Flügeln des allesdurchdringenden Lichts. Vielleicht irrt es zuerst ziellos umher; doch beharrst du in der Meditation und im Gebet, dann werden dich diese Flügel bis zum Haus der Einheit emportragen.

Die fünfte Art der Fortbewegung ist von den anderen völlig verschieden. Die Weisen haben sie den Weg der Affen genannt. Manchmal kann man Affen unbeweglich wie Felsen dasitzen sehen. Aber plötzlich beginnen sie zu springen und zu hüpfen und geben keine Ruhe, bis sie ihr Ziel erreicht haben: einen Garten voller Mangofrüchte. So geht auch die spirituelle Schau vor sich. Du sitzt unbeweglich und meditierst Tag für Tag, aber nichts geschieht. Doch du beharrst weiter darin, dich mit deinem ganzen Herzen, deiner ganzen Seele, deinem ganzen Geist und mit jeder Zelle deines Körpers auf das Einssein auszurichten. Achte darauf, daß nicht ein einziges – und sei es auch nur ein ganz winziges – Stück von dir erlahmt. Konzentriere all deine Kraft, bis sich nach zwei oder drei Jahren plötzlich deine Schau von einer Ebene zu einer anderen aufschwingt und mit der Leichtigkeit eines Falken die steilsten Berge überfliegt, um sich dann in Advaita, in die Einheit mit dem Unendlichen Bewußtsein hineinzustürzen.«

Ramakrishna schloß die Augen und saß ganz unbeweglich da. Langsam ging er in Samadhi ein. Wieder mußten seine Zuhörer lange Zeit warten. So unglaublich es klingen mag: ihre Geduld war grenzenlos, wenn sie auf ihren Meister warteten. Fast eine Stunde war vergangen, bis Ramakrishna aus dem Samadhi zurückkehrte und das Gespräch fortführte.

»Neben den verschiedenen Arten, auf die sich eine Seele bis zur Einheit erheben kann, muß man die verschiedenen Bewußtseinsebenen beachten, die durchschritten werden müssen. Wer es auch sein mag, der sich in Meditation versenkt – sei es Buddha selbst, oder ein gewöhnlicher Mensch – seine Meditation wird ihn immer durch sechs Täler führen, sechs verschiedene Bewußtseinsstufen, die durchlaufen werden müssen, will man zum siebten und letzten Tal gelangen. Ob die Intuition deiner Seele im Hüpfen der Kröte oder im Flug des Vogels fortschreitet, sie muß die sieben Täler durchqueren.«

»Ist die Erfahrung, die in jedem dieser Täler gemacht wird, immer die gleiche, unabhängig davon, auf welche Art die Seele dorthin gelangt ist?« fragte einer der Schüler.

»Ja«, antwortete der Meister, »sie ist immer genau dieselbe.«

Weiter fragte der Schüler: »Begannst du deine Meditation immer auf dieselbe Weise? Ist deine Art der Meditation von der unseren verschieden?«

Ramakrishna erwiderte: »Es besteht überhaupt kein Unterschied. Ich saß völlig bewegungslos, wie es mich mein Guru gelehrt hatte, und reinigte mein Denken und Empfinden von allem Unrat trennender Gedanken und dualistischer Gefühle. In meinen Gedanken, in meinem Herzen, in meiner Seele, in jeder Zelle meines Körpers suchte ich Seine Gegenwart. Ich wußte, daß ich nicht getrennt von Ihm war. Er war in MIR. Ich trieb jedes Stückchen von mir an, um mein verborgenes Wahres Selbst hervorzulocken. 'Tritt hervor, Oh Schwert der Unsterblichkeit, komm heraus aus dieser deiner Scheide!' So habe ich gebetet; tagelang, wochenlang, monatelang. Schließlich begann meine Einsicht wie eine Kröte vorwärtszuhüpfen. Sie sprang über die Ufermauer dieser Welt in die Wasser des ersten der sieben Täler. Ein mir völlig unbekanntes Licht, wie eine andere Sonne, schien auf alles, was ich wahrnahm. Alle Dinge der Erde, auf die ich jetzt blickte, waren in Schönheit gekleidet; wohin ich auch schaute, überall traten Anmut und Spiritualität aus der Materie hervor wie Tiger aus dunklen Schlupfwinkeln. Nun begriff ich, daß ich mich im Haus der Sinne befand. Der Anblick von so viel Wunderschönem erfüllte mich mit einer ungeheuren Begierde. 'Besitze! Besitze!' riefen mir die Dinge zu. Ich wurde von dem unwiderstehlichen Wunsch ergriffen, die ganze um mich herum ausgebreitete Schönheit zu berühren, zu kosten und zu besitzen. In diesem Augenblick brach ein anderer Schrei in mir auf: 'Halt ein! Hüte dich vor der unheilvollen Versuchung dieses Tals!'

Sogleich versenkte ich mich mit neu entfachtem Eifer in die Meditation. Noch konzentrierter meditierte ich, noch intensiver betete ich um Befreiung aus dem ersten Tal. Nach einigen Monaten wurden meine Gebete erhört: die Welt der Sinne führte mich nicht mehr in Versuchung. Langsam fiel das erste Tal aus meinem Bewußtsein, wie das Gerippe eines Beutetiers aus den Klauen des Adlers.«

Nun, nachdem Ramakrishna das Beste aus der Erfahrung des ersten Tals entnommen hatte, ließ er es hinter sich.

»Ich betrat das zweite Tal. Hier wurde ich nicht mehr bis zur Besessenheit von der fesselnden materiellen Schönheit dessen, was ich sah, ergriffen. Das Licht, in dem die Welt jetzt erstrahlte, war feiner, zarter, und sehr beruhigend. Hier fühlte ich mich glücklich. Bruchstücke von schönen Farben, Formen und Klängen erfüllten und verschönten meine Stunden in diesem Tal. Ich dachte daran, in meinen Meditationsübungen nachzulassen und hier zu verweilen. In diesem Moment war ich versucht, Leben zu schaffen: Ich hörte den Ruf des Geschlechts. Denn in diesem erhabenen Licht des zweiten Tales erscheint die Geschlechtlichkeit als Glückseligkeit und Macht. Doch gleichgültig, in welcher Verkleidung die Versuchung auftritt, die Seele muß ihr widerstehen. Mit aller Anstrengung versuchte ich, mein Bewußtsein von dem betörenden Zauber der Geschlechtlichkeit zu befreien. Ich häufte noch mehr Brennholz der Verehrung auf den Altar der Gottessuche. Das Feuer der Erleuchtung brannte zuerst ganz schwach. Allmählich wurde es aber stärker, und nach einigen Tagen brachen die Flammen wie Lichtblitze hervor. In diesen verzehrenden, stechenden Flammen sank das zweite Tal in Schutt und Asche. Von nun an verwirrte es mich mit seinen Versuchungen nicht mehr.

So erreichte ich die dritte Stufe. In diesem dritten Tal wurde das Gefühl von Macht, das ich im zweiten Tal erfahren hatte, um das Hundertfache gesteigert. Ich fühlte mich fähig, die Sonne zwischen meine Hände zu nehmen und sie zu einem Häufchen glühender Asche zu zerdrücken. Diesem Machtgefühl muß man widerstehen: es ist nur eine Prüfung des Charakters. Keine Begierde ist abstoßender als der Machthunger. Nachdem ich die Gefahr erkannte, die sich meiner bemächtigt hatte, vertiefte ich meine Meditation auf das Äußerste. Sie mußte noch mächtiger werden als die Macht, die ich zu überwinden hatte. Ich betete – und wie ich betete! – um Erlösung von meiner Herrschsucht. Aber wie eine Viper, die ihre Eckzähne in mein Fleisch geschlagen hatte, hielt sie mich fest. Aber meine Seele wollte sich nicht unterwerfen! Auf den Flügeln der Meditation erhob ich mich höher und höher, bis der Begriff 'Höhe' für mich keine Bedeutung mehr hatte. In diesem Augenblick öffnete die Schlange ihren Rachen und fiel von mir ab!

Wie ein Elefant, der eine Umzäunung durchbricht, so stürzte ich in das vierte Tal (Hridaya Jyoti), das Tal des Lichts von Gottes Herz. Als wäre mein Herz eine Fackel geworden, entzündet von Gottes Flamme, ergoß sich Licht aus meiner Seele über alle Dinge. Vom kleinsten Kieselstein bis zum größten Stern, alles sang in gleicher Verzückung ein Lobeslied auf das Unaussprechliche. In diesem vierten Tal fühlte ich mich geradezu vor jeder Versuchung vollkommen sicher. Trotzdem wachte ich streng über mich. Obwohl ich ein Kelch voller Licht war, blieb ich mißtrauisch ... der Versuchung gegenüber. Dieses Gefühl schien mir eine Warnung zu sein, und ich beschloß, hier nicht länger zu bleiben. Eine lange Zeit des Fastens, des Gebets und der Meditation folgte.

Glücklicherweise mußte ich dieses Mal nicht so lange warten. Das Licht in meinem Herz breitete sich aus. In einem riesigen Umkreis warf es gleichsam ein Netz von Sonnen aus. Und plötzlich hatte ich das nächste Tal erreicht! Ich war im Reich des Ausdrucks. Meine Gedanken und Gefühle, jeder Pulsschlag und jede meiner Zellen waren erleuchtet! Meiner Kehle und meinen Lippen entströmten Worte des Entzückens und des

Segens. Ich preiste Gott ohne Unterlaß; ich konnte nur noch von Ihm sprechen. Und sprach jemand von Vergnügen oder Besitz, trafen mich seine Worte wie Rutenschläge. Das ging so weit, daß, wenn ein Verwandter zu mir kam, um mich in einer Familienangelegenheit um Rat zu fragen, ich fortlief und mich in den Wäldern von Panchavati versteckte. Bekannte und Freunde, die mich in Beschlag nehmen wollten, machten auf mich den Eindruck eines tiefen Brunnenschachts, der mich nach unten zog, und ich fürchtete, in diesem Wasserschacht tief unten in der dunklen Erde zu ersticken. Die Gegenwart dieser Menschen weckte in mir das Gefühl des Ertrinkens, und nur indem ich sie verließ, konnte ich Frieden finden. Mit anderen Worten: dieses fünfte Tal ist nicht gerade reich an Toleranz und Liebe zu allen Menschen. Man muß darüber hinausgehen.

So versenkte ich mich in noch strengere und tiefere Meditationen als je zuvor. Jetzt gab es keinen Frieden und keine Freude mehr für mich. 'Entweder ich finde Ihn und sehe Ihn von Angesicht zu Angesicht, oder ich nehme mir das Leben', sagte ich zu mir. Meine innere Haltung war die eines Tigers, der sich zum Sprung niederkauert. Ich betete, wartete, lauerte. Ich wollte nicht länger im Tal des Ausdrucks verweilen. Noch wollte ich mich nicht geschlagen geben, wollte mich nicht allein mit den Lobpreisungen Gottes begnügen. Ich mußte Ihn sehen! So betete ich auf der Lauer liegend. Plötzlich erblickte ich etwas vor mir. Ich sprang darauf zu – und im selben Augenblick fand ich mich im sechsten Tal, dem Turiya-Tal. Jetzt war ich dem Geliebten ganz nah. Ich konnte Ihn sehen und fühlen; nur eine hauchdünne Wand trennte uns noch, nur ein zarter, durchsichtiger Schleier trennte meine Seele von ihrem Wahren Selbst.

Ich erkannte, daß ich mich endlich in einem Zimmer im Haus des Einsseins befand.

Aus dem sechsten Tal gelangt man mühelos in das siebte. Kein Wort, auch nicht das Geschwätz des menschlichen Denkens, vermag hier einzudringen. Nur die Seele, die in Schweigen gehüllt ist, kann den Schleier heben, der Gott von deiner Umarmung trennt.«

Nachdem Ramakrishna zu reden aufgehört hatte, herrschte lange Zeit tiefes Schweigen. Doch anstatt den restlichen Tag über das, was Ramakrishnas gesagt hatte, zu meditieren, fragte einer der jungen Männer: »Meister, die Leute sagen, du seist kein Gelehrter; wie kannst du dennoch alles wissen, was die Weisen der Vergangenheit niedergeschrieben haben? Was du uns gesagt hast, steht in Büchern über Metaphysik. Doch man sagte mir, du seist ein Mensch ohne Bildung.«

Ramakrishna antwortete ganz anders als gewöhnlich: »Ich habe nie gelehrte Bücher studiert; aber ich habe gehört, wie Gelehrte über sie diskutierten. Nachdem ich alles gehört, und das, was mir wahr erschien, entnommen hatte, habe ich mir daraus eine Kette geflochten und sie mir um den Hals gelegt. Dann legte ich sie zu Gottes Füßen nieder und betete: 'Mutter, nimm alle Deine gelehrten Bücher und Gesetze. Das Einzige, wonach mich verlangt, ist Deine Liebe!'«

Da stellte einer der Schüler eine bedeutsame Frage: »Meister, alles, was du uns gesagt hast, erfreut die Seele und befriedigt das Herz. Aber mein eigensinniger Verstand möchte folgendes wissen: Derjenige, welcher mit dem Wunsch nach Einheit zu meditieren beginnt, muß sprechen, fühlen und verwirklichen: 'Ich bin Er! Ich bin Er!' Was aber ist mit jenen, die den umgekehrten Weg gehen und sagen: 'Du bist nicht ich; aber ich suche Dich?' Was geschieht mit ihnen, Meister? Durchqueren sie auch jene sieben Täler, um schließlich Eins mit Ihm zu werden? Oder bleiben sie für immer von Ihm getrennt?«

Ohne nur im geringsten zu zögern, antwortete Ramakrishna: »Deine Frage berührt die tiefsten Dinge. Ob du nun zu Gott 'Du' sagst, oder ob du sagst: 'Ich bin Er', das macht nicht den geringsten Unterschied. Menschen, die Gott verwirklichten, indem sie zu Gott 'Du' sagten, haben eine sehr innige Beziehung zu Ihm. Sie gleicht sehr der Beziehung eines alten, treuen Dieners zu seinem Herrn. Im gleichen Maß, in dem beide älter werden, stützt sich der Herr immer mehr auf seinen Freund den Diener, und fragt ihn immer öfter bei jeder wichtigen Angelegenheit um seinen Rat. Zutiefst erfreut durch die Hingabe seines Dieners, nimmt der Meister ihn eines Tages bei der Hand und setzt ihn auf seinen eigenen erhöhten Platz. 'Was tust du, Herr?' wendet der Diener verlegen und verwirrt ein. Der Herr aber nötigt ihn, auf dem Thron neben ihm zu bleiben. 'Du bist der gleiche wie ich, mein geliebter Freund', sagt er zu ihm. So wird Gott den Menschen, der Ihn aufrichtig und mit Hingabe verehrt, auch wenn er Gott als eine Macht außerhalb seiner selbst anbetet, eines Tages ganz unerwartet mit sich selbst vereinen. Das ist Samadhi.«

Die Legende erzählt, daß einst einige Freunde Ramakrishna drängten, den Zustand des Samadhi zu erklären. Sie sagten: »Wenn du darüber etwas sagst, dann beweist du alles. Gib uns eine Definition des Samadhi, und du wirst uns damit Gott definiert haben.«

Aber der Heilige erwiderte vorsichtig: »Wenn ich

euch eine Definition Gottes gebe, was würdet ihr mit ihr anfangen? Ich weiß, wozu ihr sie schließlich verwenden würdet: zu einem Glaubensbekenntnis, das ihr einer in meinem Namen gegründeten neuen Religion zugrunde legen würdet. Aber ich bin nicht auf die Erde gekommen, um einen neuen Kult zu stiften. Ganz und gar nicht!«

Es scheint indessen, als habe Ramakrishna bei einer anderen Gelegenheit zufällig eine Definition von Gott gegeben. Einige Besucher fragten ihn: »Würdest du uns bitte über etwas aufklären, das uns als Widerspruch erscheint? Man sagt, du hast das Einssein erreicht: du seist Er. Dabei aber fährst du fort, alles der Göttlichen Mutter zuzuschreiben. Nie sagst du 'Ich'; du sprichst von 'Gott', 'Mutter', sagst 'Sie' und 'Du'. Wenn du 'Ich bin Er' bist, warum nennst du Gott dann 'Du'?«

Darauf antwortete der Meister: »Das ist die Vollendung des Verhaltens. Ich habe Ihn gesehen und Ihn umarmt. Ich war Unendliches Sein, Vollkommenes Wissen und Glückseligkeit. Aber ich konnte nicht in diesem unbedingten Zustand bleiben und gleichzeitig in diesem bedingten Sein leben. Dort gibt es keine Grenzen. Jeder und alles ist ein einziges Unendliches Sein. Unbedingt und unbeschreiblich. Man kann es nicht in Worte fassen. Was du auch sagst, es wird zu etwas Begrenztem, Endlichem. Ganz natürlich sagst du: 'Sie, Du, Mutter'. Nimm die sieben Töne der Musik. Stell dir vor, du gingst die Tonleiter hinauf – do, re, mi ... – bis du den höchsten Ton erreichst. Was tust du dann? Du kommst zu do. Jeder, der das Schweigen, den höchsten Gipfel, erreicht hat, sagt in dem Augenblick, wo er den Mund öffnet: do. Und do ist Gott!«

Die Einweihung

Um dem Leser Einblick in einige interessante Einzelheiten zu geben, werde ich jetzt die Einweihung eines Freundes beschreiben, die vor kurzem stattfand. Während der zwölf Jahre, die ich in Amerika lebte, hatten wir uns niemals getroffen. Ich wußte nicht, daß er der Welt entsagt hatte und jetzt spirituelle Übungen praktizierte, um Erleuchtung zu erlangen. Daher war ich ganz erstaunt, als ich ihn eines Tages in der Kleidung eines Brahmacharin, eines Novizen, auf der Fähre, die von Kalkutta zum Kloster fuhr, wiedersah.

Nach der ersten freudigen Überraschung über unsere Begegnung betrachtete ich das Gesicht meines Freundes. Es war trotz des eckigen Kinns, der engen Schläfen, der Stupsnase und dem durchdringenden Blick ein liebes Gesicht. Dieser liebevolle Ausdruck lag in den Mundwinkeln, die nicht zu seinen dünnen Lippen und dem beinahe scharfen Zug seines Mundes paßten. Ich war bei dieser Entdeckung ebenso überrascht wie ein Mann, der in einem Adlerhorst auf den Höhen des Himalaya nicht einen Adler, sondern eine Taube findet.

Inzwischen hatte die Fähre den Landungssteg des Klosters erreicht. Wir stiegen aus und gingen in Richtung des geheiligten Ortes. Die Zeit verbot vieles Fragen, aber eine Frage stellte ich ihm doch. Die Antwort auf sie, und noch vieles mehr, erfuhr ich eines Morgens, etwa zwei Monate später.

Es war ungefähr fünf Uhr früh, der Tag war gerade angebrochen. Mein Freund lud mich zu einem Spaziergang in einen verwilderten Garten ein. Nachdem wir uns durch verwahrloste Haine von Obstbäumen und wohlriechende Büsche einen Weg gebahnt hatten, kamen wir zu einem kleinen umzäunten Garten. Mein Freund bat mich, unter einem Feigenbaum auf einer Steinbank Platz zu nehmen. Dann setzte er sich zu meinen Füßen ins Gras. Nur das Summen der Insekten und die zunehmende Hitze des Tages waren zu spüren. Nichts anderes konnte uns stören.

Mein Freund schloß die Augen und meditierte etwa eine Viertelstunde lang. Ich saß da und beobachtete sein Gesicht. Es schimmerte olivfarben. Das Haar trug er wie alle Brahmacharin ganz kurz geschoren. Er hatte eine hohe Stirn. Seine Nase und die Ohren waren ausgesprochen gewöhnlich, vielleicht etwas zu dick. Doch als ich seine Hände sah, die offen auf seinem Schoß lagen, war ich erstaunt über ihre Länge und Zartheit. Ich betrachtete die starken und doch feinen Linien, die sich mit einer Festigkeit kreuz und quer durch seine Handfläche zogen, als wären sie eingepflügt. Die Form seiner Fingerspitzen drückte große Empfindsamkeit aus.

Gerade hatte ich das Lesen in seinen Handlinien beendet, als er die Augen aufschlug und mir einen raschen Blick zuwarf. Da er sah, daß ich verlegen war, begann er zu sprechen: »Als mein Vater vor etwa elf Jahren krank wurde, ging ich ins Kloster um zu beten. Ich wußte nicht, warum ich das tat. Du weißt, ich bin der einzige Sohn, und nachdem ungefähr ein halbes Jahr zuvor meine Mutter gestorben war, lastete die ganze Sorge für meinen Vater auf mir – eine äußerst schwere Aufgabe. Da das Leben von äußeren Umständen bestimmt wird, nahm ich meinen ganzen Mut zusammen und suchte mir eine Arbeit. Aber zeitweilig befiel mich ein Gefühl großer Müdigkeit.

Es war während einer dieser Mattigkeitsanfälle, daß ich zum Kloster Ramakrishnas ging, um zu beten. Nachdem ich gebetet und an der Arati, dem Abendgesang, teilgenommen hatte, fühlte ich mich gestärkt und ging wieder nach Hause. Im Laufe einer Woche war die ganze Fröhlichkeit und Kraft verbraucht, die ich in meiner Seele aufgespeichert hatte. So ging ich wieder zum Beten ins Kloster, und die gleiche Freude und Kraft strömte von neuem in mein Herz.

Es war bei meinem dritten oder vierten Besuch im Kloster, da begegnete ich Swami B., meinem Guru. Er war ein Freund meines Vaters und erkundigte sich nach seinem Befinden. Nachdem ich ihm erzählt hatte, wie schlecht mein Vater sich fühlte, sagte er zu mir: 'Besuche mich, wenn dir danach zumute ist.' Du kanntest ja seine tiefe Stimme, sie klang wie ein großer Gong. Seine Worte trafen mich wie ein Befehl. Etwa zwei Wochen später fühlte sich mein Vater viel besser. Er hoffte, seine Arbeit im Geschäft bald wieder aufnehmen zu können. Mit dieser guten Nachricht eilte ich zum Swami ins Kloster. Er hörte mir mit ruhiger Aufmerksamkeit zu. Als mein Bericht beendet war, fragte er mich: 'Was willst du nun mit dir selbst anfangen?'

'Ich weiß es nicht, Herr. Mein Vater möchte, daß ich heirate.'

'Und du, willst du es auch?'

Nachdem ich seine Frage reiflich überlegt hatte, antwortete ich: 'Nein, ich möchte es nicht.'

'Geh und meditiere im Allerheiligsten! In den nächsten zwei Stunden wird wohl niemand dort sein.'

'Wie kurz er mich verabschiedet', dachte ich; aber seine Aufforderung ließ mich nicht los. Ich ging ins Allerheiligste und meditierte bis die Dunkelheit hereinbrach und einer der Mönche kam, um die Abendandacht vorzubereiten. Ich stand auf und ging hinaus. Auf der Fähre, die mich nach Hause brachte, fühlte ich mit Gewißheit, daß ich ein Mönch werden würde.

Als ich am nächsten Tag meinen Vater massierte, sagte ich ihm, ich wolle nicht heiraten, sondern ein heiliger Mann werden, um Samadhi zu erlangen. Ich bat ihn um die Erlaubnis, der Welt entsagen zu dürfen. Auf seinen Wunsch hin erzählte ich ihm meine jüngsten Erlebnisse. Danach sagte er zu mir: 'Du kannst morgen zu dem Swami gehen und ihm erzählen, daß du meine Erlaubnis hast, der Welt zu entsagen.'

Am nächsten Morgen ging ich zum Kloster. Aber der Swami war nicht da. Eine Woche lang ging ich jeden Tag hin, fand ihn aber nicht. Schließlich, am zehnten Tag, blieb ich von Sonnenaufgang bis Sonnenuntergang dort. Gegen acht Uhr abends kehrte er vom Gericht zurück, wo er in einer Zivilsache als Zeuge geladen worden war. Er setzte sich auf den Treppenabsatz des Ghat und erzählte: 'Ich habe die Wahrheit vor Gericht gesagt, aber die Richter haben mir nicht geglaubt. Wie Geier nähern sie sich einem toten Körper, ängstlich und mißtrauisch, es könne ein Mensch sein, der sich nur totstellt. Ein Tier wird Sachverständiger des Todes und verdächtigt ihn auch noch eines falschen Spiels. Anwälte sind so daran gewöhnt, die Wahrheit von Menschen zu erpressen, daß sie sich nicht trauen, sie anzuerkennen, wenn sie sie hören.'

Dann erzählte ich ihm, was mein Vater mir aufgetragen hatte. Er hörte mir schweigend zu. Im Licht des Halbmondes erschien er sehr ruhig und zurückhaltend. Seine Stimme hatte keinen Widerhall, sie war kaum mehr als ein Flüstern. Er sprach sehr wenig und endete mit den Worten: 'Gut, ich werde dich nächsten Monat als Brahmacharin annehmen. Inzwischen überlege es dir noch einmal genau.' Als ich mich erhob um fortzugehen, bemerkte er noch: 'Jetzt, nachdem dein Vater dir Freiheit geschenkt hat, was wirst du ihm geben?'

'Ihm geben, Herr?'

'Ja, wenn er frei von Selbstsucht ist, sollte das auch deine Selbstlosigkeit wachrufen, da sich in dieser Welt Gleiches und Gleiches anzieht.'

Ich antwortete mit keiner Silbe, denn ich wußte nichts zu sagen. Schweigend nahm ich den Staub von seinen Füßen und ging fort in die Dunkelheit.

Zwei Tage bevor ich das Gelübde eines Brahmacharin ablegte, ging ich in den inneren Schrein und meditierte den ganzen Nachmittag lang. Da erkannte ich plötzlich die Wahrheit. Ich ging zum Swami und sagte: 'Herr, solange mein Vater lebt, kann ich nichts anderes sein als ein Brahmacharin, denn ich muß ihm dienen.'

Der Swami antwortete: 'Ich bin froh, diese Entscheidung von dir zu hören. Ich werde dir dein erstes Gelübde abnehmen, wie ich es versprochen habe. Danach mußt du arbeiten und meditieren, bis du reif bist für die endgültige Einweihung. Es kann zehn Jahre dauern, bis du soweit bist. Ich erlaube dir, diese zehn Jahre bei deinem Vater zu verbringen, den du liebst, anstatt hier mit uns zu leben. Und wenn du dich in diesen zehn Jahren entscheiden solltest zu heiraten, so tue es.'

Als zehn Jahre vergangen waren, ging ich zum Swami und sagte: 'Mein Vater ist wieder gesund und drängt mich, der Welt zu entsagen. Er meint, wenn ich ihn liebe, sollte ich nicht länger zögern. So bitte ich, in der nächsten Woche die Einweihung empfangen zu dürfen.'«

»Wie heißt das erste Gelübde eines Brahmacharin, unter dem du gelebt hast?« fragte ich meinen Freund.

»Das werde ich dir nächste Woche sagen«, war seine Antwort.

Ungefähr fünf Tage später wurde er eingeweiht. Er trug jetzt ein ockerfarbenes Gewand, und der strahlende Ausdruck seines Gesichts war unbeschreiblich.

An einem der folgenden Tage erzählte er mir das Ende seiner Geschichte in demselben verwilderten Garten. Wir blieben einen ganzen Tag dort und sprachen miteinander.

Mein Freund berichtete: »Als der Swami mir Brahmacharya gab, schwur ich, ein Leben der Ehelosigkeit, Wahrheit und Reinheit in Gedanken, Worten und Taten zu führen. Dann lehrte er mich drei Arten der Meditation, die schwer zu beschreiben sind. Doch ich will es versuchen: Nimm an, du begreifst das ganze Leben als Reinheit und strömst selbst Reinheit aus, nicht nur durch jede deiner Gehirnzellen, sondern auch mit jedem Herzschlag und durch jede Pore deines Körpers. Bei den großen Yogis verändert sich selbst der Geruch ihres Schweißes bei dieser Art von Meditation.

Die zweite Meditation ist ähnlich. Nimm an, du schärfst deine Sinne und sensibilisierst deine Gefühle so, daß du das ganze Leben als *Ahetuki Daya Sindhu* empfinden kannst, als grundlosen Strom von Liebe. Das heißt, dein Leben wird zu einem schwellenden Strom von Liebe, von keinem Beweggrund getrieben. Nach zwei bis drei Jahren wird dein Herz so ruhig wie die Wasseroberfläche eines Teichs. Dein Bewußtsein wird so klar wie die Augen eines Vogels. Alle deine Handlungen – selbst Atmen und Essen – sind durch eine tiefe Heiligkeit gekennzeichnet. Aufregung und Angst können dir nicht nahekommen. Dein Atem und dein Pulsschlag bleiben unverändert, gleichgültig was auch geschieht. Deine Taten sind immer neuer Ausdruck der Liebe, die nichts von Beweggründen weiß.

Nach dem Erreichen der zweiten Meditationsstufe wirst du noch empfindsamer, und große Kraft fließt dir zu. Du kannst deine Pflichten mit großer Leichtigkeit erfüllen und überwindest alle Hindernisse. Du bist jetzt so einfühlsam, daß du nun Erfahrungen machst, die früher zu subtil für dich waren. Du kannst Gedanken lesen und die Stille hören.

Dann lernst du die letzte Meditation: 'Ich entsage aller Macht, auch der Macht der Liebe.' Das war besonders schwer. Ich benötigte dazu fast fünf Jahre. Sich selbst zu entsagen ist leicht, aber sich seiner unbewußten Gedanken und Gewohnheiten zu entledigen, ist schwer. Sogar deine Träume müssen von jedem Wunsch nach Macht und wundertätigen Kräften rein sein. Völlige Hingabe deines Selbst an das Eine Selbst ist erforderlich. Allein kannst du es nicht schaffen. Dein Lehrer muß mit dir beten und meditieren, auch wenn du zu Hause bist und er im Kloster lebt. Allmählich bemerkst du, daß nicht nur er, sondern auch andere, Fremde, dir helfen. Wer sind sie? Es sind die geistigen Kräfte des Lebens selbst. Ebenso wie du Negatives anziehst, wenn du Böses tust, so kommen dir die positiven Kräfte des Lebens zu Hilfe, wenn du versuchst, uneigennützig Gutes zu vollbringen. Das ist höchste Unterweisung vom unsichtbaren Zusammenwirken dieser Kräfte. Schließlich gelangst du durch die Hilfe anderer und durch deine eigenen Bemühungen an die Schwelle der Wirklichkeit. Dein heiliger Lehrer ruft dich, denn du bist jetzt reif für die Einweihung. Dann ist es unbedingt notwendig, daß du deine ganze Konzentration auf ein Höchstmaß steigerst. Dein Lehrer fordert dich auf, mit ihm zu meditieren, denn er weiß, daß du jetzt bereit bist. Viele andere heilige Männer sind eingeladen, Zeugen deines letzten Sprungs zu sein. Da sie alle mit dir gemeinsam über die gleiche Wahrheit meditieren, fühlst du allmählich die Nähe des '*Tat*', das in ihrer Mitte fühlbar hervorgerufen wird. Es ist, als ob Gott solcher Hingabe nicht widerstehen könnte, zu uns niedersteigen muß, und diese Hingabe damit belohnt, daß Er uns Sein Gesicht enthüllt. In diesem Augenblick berührt dein Guru die Mitte deines Rückgrats mit seinem Zeigefinger. Der Schleier zerreißt! Mit deinen sterblichen Augen siehst du das Gesicht der Unsterblichkeit. Das ganze Weltall ist in Licht getaucht! Alles – vom Staub der Straße bis zum Flug der Vögel – wirft das Kleid seiner Erscheinung ab und steht vor dir in strahlender Glückseligkeit. Die Dinge sind nicht mehr Dinge, sie sind zu Essenzen geworden.«

Mein Freund schwieg plötzlich und wollte nicht weitersprechen. Die Stille, von der er berichtet hatte, schien auf einmal spürbar zu sein. Ich wartete, bis es vorüberging. Als ich nach langer Zeit fühlte, wie sich dieser Bann von Heiligkeit, der über uns lag, löste, stellte ich meinem Freund die Frage, die ich für die wichtigste hielt:

»Ich danke dir für das, was du mir erzählt hast«, begann ich. »Doch offen gesagt: Ich will nicht wissen, was du siehst oder denkst. Was ich wirklich wissen möchte, ist, was du fühlst.«

»Was ich fühle?« fragte mein Freund verwundert.

»Ja«, sagte ich, »bist du glücklich oder unglücklich? Fühlst du dich eins mit der Welt, oder getrennt von ihr? Bist du offen und verletzlich? Oder ...«

»Jetzt verstehe ich«, rief er freudig. »Obwohl ich mich glücklich fühle, bin ich mir im höchsten Grad auch des Schmerzes bewußt. Ich empfinde die Qualen und Verletzungen, die Dinge und Menschen sich gegenseitig zufügen. Zur Veranschaulichung will ich dir Ramakrishnas Erfahrung beschreiben. Ganz am Anfang seiner Erleuchtung, als er noch nicht völlig Herr seiner Kraft war, fühlte er sich so eins mit der Welt, daß er Merkmale ihrer Freuden und Schmerzen trug. Eines Tages stand er ganz erfüllt vom Bewußtsein des Einsseins am Flußufer, wo gerade ein Schiff anlegte. Nach kurzer Zeit begannen sich zwei Bootsleute zu streiten und schließlich aufeinander einzuschlagen. Obwohl Ramakrishna mehr als zwanzig Meter entfernt war, schrie er auf vor Schmerz. Er lief in den Tempel der Kali und betete zur Göttlichen Mutter: 'Nimm aus meinem Leib und aus meiner Seele den Stachel ihres Streits, er schmerzt mich so!' Sein Neffe Hriday, der den Schrei des Meisters gehört hatte, suchte ihn fieberhaft. Nachdem er ihn nirgends finden konnte, lief er schließlich zum Tempel. Dort entdeckte er den Meister, der weinte und betete: 'Oh Mutter, nimm den Schmerz, der der Welt so viel Leiden bringt. Erlöse alle von ihrer Pein und heile ihre Wunden!' Als er Hriday bemerkte, hielt er im Beten inne und zeigte ihm die Striemen auf seinem Körper. Hriday erzählte, daß er die schrecklichen roten Streifen und blauen Flecke, die den Körper des Meister bedeckten, aus seinem Gedächtnis nicht auslöschen könne. Er berichtet auch, Ramakrishna sei zur gleichen Zeit von Seligkeit und Schmerz erfüllt gewesen. Kannst du die widersprüchliche Natur dieses Zustands verstehen? Je mehr du das umfassende Erleben des Meisters begreifen kannst, umso besser wirst du meine eigene bescheidene Erfahrung verstehen. Du fragst, was ich fühle? Ich fühle eine solche Glückseligkeit, daß der ganze Schmerz, den ich in den Menschen und Dingen sehe und wahrnehme, der meine ist. Ich bin ihnen so nah, daß ich eins mit ihnen bin. Und doch bleibe ich gesondert. Denn während ich die Qual ihres Seins fühle, fühle ich auch weiterhin fortwährend die Glückseligkeit, zu der sie keinen Zugang haben.

Laß mich Shankara zitieren, der eine schöne Beschreibung dieser Erfahrung gibt: 'So wie die Wolken am Himmel ziehen, so gehen alle Erfahrungen durch die Seele dessen, der im Zustand des Einseins ist. Und wie die dunklen Gewitterwolken den ruhigen Himmelsglanz nicht trüben können, so können die Leidenschaften und Qualen dieser Welt die heitere Gelassenheit einer erleuchteten Seele nicht beunruhigen.'

Ein Heiliger meistert das Leid der Welt, anstatt von ihm beherrscht zu werden. Im Schmerz zeigt sich der Unterschied zwischen einem Heiligen und einem gewöhnlichen Menschen darin, daß der Heilige durch die eigene Kraft der Schau und Einsicht sein Leiden transzendiert, während es bei dem anderen von außen beseitigt werden muß.«

Obwohl mir mein Freund seine Geschichte mit sehr einfachen Worten erzählt hatte, wurden, nachdem er gegangen war, Fragen in mir wach, die nach Antwort verlangten. Glücklicherweise traf ich ein oder zwei Tage später einen alten heiligen Mann, der mir half, meine Schwierigkeiten zu lösen. Am besten ich schildere, was sich zutrug.

Es war in einer Sommernacht. Der Himmel war klar, und die Sterne standen tief. Am Horizont war ein fast greifbarer Nebel zu sehen, der dort wie ein Silberschleier hing. Darüber schwebte ein glänzendes Licht, das wie pulsierender Goldstaub schimmerte und schließlich langsam in der Unendlichkeit des tiefen blauschwarzen Himmelsgewölbes unterging. Die Sterne schienen so nah und der Himmel so fern. Rings um uns war pechschwarze Dunkelheit und eine Stille, die allein durch das gelegentliche Rauschen der Palmzweige und das Plätschern des Ganges, der zu unseren Füßen dahinströmte, gestört wurde.

Der Mann, der neben mir saß, war alt. Sein graues Haar und seine eingefallenen Wangen waren mir schon am Nachmittag aufgefallen, als ich seinen Ausführungen über Gott, den Erhabenen (Bhagavat), in einer Schulklasse zugehört hatte. Seine Worte hatten mich so sehr beeindruckt, daß ich ihn zu einem Spaziergang am Ufer des Flusses aufforderte. Ich stellte ihm Fragen über die Einweihung im allgemeinen und speziell über seine eigene. »Welche Wirkung hatte sie auf euch?« fragte ich ihn.

»Laß uns mit dem Anfang beginnen«, bemerkte er.

»Vor allem scheint mir, willst du etwas über die letzte und entscheidende Berührung wissen.«

»Ja«, sagte ich zustimmend, »warum kommt der Meister seinem Schüler zu Hilfe, damit dieser das Erlebnis des Einsseins erfährt? Ein Mensch müßte diese Erfahrung doch aus eigener Kraft erreichen können?«

Nachdem er etwas vor sich hingemurmelt hatte, begann der Greis zu sprechen: »Jeder, der sich bemüht, das Leben eines Heiligen zu führen, hat das Ziel, Gott durch seine eigenen Bemühungen zu finden. Aber wie kannst du Ihn finden, wenn du nicht zuvor eine Ahnung von Ihm hast? Die von uns vollzogene Einweihung erlaubt dem Schüler einen kurzen Blick ins Innere der Heimstätte seines Geistes. Wenn ein Mensch auch nur ein einziges Mal – gleichgültig durch wessen Hilfe – diese Schau erlebte, wird er immer Heimweh nach ihr haben. Und diese Sehnsucht nach weiterer Gottesschau wird ihm die Kraft geben, für den Rest seines Lebens über diese Welt emporzublicken. Er wird nicht mehr von der verführerisch herausgeputzten Welt der Zeit versucht. Diese Schau macht ihn frei von allem, außer von Gott – so gewaltig ist ihre Macht. Deshalb hat niemand das Recht, jemanden als Schüler anzunehmen und zu unterrichten, wenn er nicht imstande ist, ihm wenigstens für einen Augenblick das Erlebnis des Einsseins mit Gott zu geben.«

»Kann jeder«, fragte ich weiter, »durch die Berührung eines wirklichen Heiligen diese Schau erfahren?«

»Gewiß nicht!«, erklärte der heilige Mann. »Es gibt Seelen, die für die Einweihung reif sind, und andere, die es nicht sind. Selbst Ramakrishna konnte sie einigen Seelen nicht geben. Einmal kam zu ihm ein Mann mit Namen Kaviraj, ein fähiger Apotheker und Arzt. Er kam immer wieder und bat jedes Mal den Meister um Unterweisung. Aber Ramakrishna bewahrte ihm gegenüber eine ziemlich kühle Haltung. Eines Tages fragte ihn Kaviraj: 'Warum verweigerst du mir deine Berührung?' Mehrmals wiederholte er die Frage. Bedrängt gab Ramakrishna seinem Verlangen schließlich nach. Er gab ihm die heilige Berührung; dabei legt der Guru zu einem ganz bestimmten Zeitpunkt seinen Zeigefinger auf die Mitte des Rückgrats seines Schülers. Aber kaum hatte Ramakrishna Kaviraj berührt, als dieser aufschrie und sich vor Schmerzen wand. Es war fürchterlich. Das Gesicht des körperlichen Leidens ist ein freudiges Bild verglichen mit dem eines Menschen, den die Seelenqual aufschreien läßt. Ramakrishna nahm ihn in seine Arme und schüttelte ihn, bis er wieder zu seinem normalen Zustand zurückfand. 'Nicht in diesem Leben, mein Sohn', sagte er zu ihm. 'Die Berührung der Seligkeit wurde in dir zum Gift der Kobra. Du bist noch nicht reif dazu. Laß in deinem Gebet und in deiner Meditation nicht nach, bis du so weit bist. Und hast du dann die Reife erlangt, und es ist niemand hier, Gott wird selbst auf die Erde herabsteigen, um dir die Einweihung zu geben.'«

Dann stellte ich dem alten heiligen Mann noch eine weitere Frage: »Ist diese letzte Berührung nicht eine Art Hypnose?« Offensichtlich war er auf diesen Einwand nicht vorbereitet, denn anstatt mir zu antworten, schwieg er, damit beschäftigt, meine Frage zu überdenken. Nach etwa fünfzehn Minuten sagte er schließlich:

»Die Hypnose ist etwas ganz anderes als diese Berührung eines Meisters. Hypnose ist die Einwirkung des Willens eines Menschen auf einen anderen. In der Einweihung aber wird der Wille des Schülers nicht überwältigt; im Gegenteil, er wird durch seine eigene Meditation gestärkt. Der Schüler betet und meditiert mit geschlossenen Augen und Ohren. Er atmet sehr langsam und in gleichmäßigem Rhythmus. Sein Bewußtsein und sein Herz werden nicht durch irgendetwas von außen angeregt. Er geht nach innen und taucht ein in sein Selbst. Stunde um Stunde dringt er weiter vor in das Herz des Schweigens. Zuletzt gibt ihm der Meister, der mit geschlossenen Augen und Ohren neben ihm sitzt, die heilige Berührung. In diesem Augenblick erkennt der Eingeweihte sein eigenes Selbst als die Mutter aller Wirklichkeiten der Welt. Mit anderen Worten: dieser ganze Prozeß läuft für den Meister wie für den Schüler im Innern ab; es gibt bei diesem Prozeß nichts, was von außen kommt. Die Berührung des Meisters läßt den Schüler keineswegs sein Bewußtsein verlieren. Im Gegenteil, der Schüler fühlt jetzt mit doppelter Schärfe und Bewußtheit die Freuden und Leiden der Menschen, der Tiere und der Pflanzen, die ihn umgeben. Das ist völlig verschieden von einem hypnotischen Zustand!

Wenn der Mensch die Erleuchtung erlangt, wird er eins mit der Willenskraft und dem Bewußtsein des gesamten Seins. Sein Wille verlöscht nicht, sondern wird zum Willen des ganzen Universums. Sein Unterscheidungsvermögen verfeinert sich bis zum äußersten, sein Charakter läutert sich, sein Geschmack wird unfehlbar und seine Schau grenzenlos.«

Nachdem der heilige Mann diese letzten Worte gesprochen hatte, rauschten die Zweige der Palmen ein wenig stärker und erfüllten die Luft mit einem geheimnisvollen Flüstern, während der Ganges hart gegen die Ufermauer schlug, auf der wir saßen. Eine Eule flog schreiend über uns hinweg. Nachdem ich mir meine letzte Frage sorgfältig überlegt hatte, sagte ich: »Herr, ich verstehe jetzt, was bei der Erleuchtung in einem Menschen vor sich geht; aber was ist der Unterschied zwischen Erleuchtung und Samadhi?«

Der Heilige hob für einen Augenblick seine Augen zu den fernen Sternen, dann schaute er zu den blinkenden Lichtern der Stadt im fernen Süden.

»Das Wort Erleuchung ist unklar«, begann er. »Erinnere dich, daß es drei Stufen der spirituellen Verwirklichung gibt. Zunächst sieht sich die Seele als Anbeterin des Unendlichen und findet in dieser Anbetung ihre Erfüllung, indem sie nichts für sich selbst in Anspruch nimmt und alles Gott zuschreibt:

Du bist der Weg,
Und das Ziel, das Wege nie erreichen;
Du bist der Gesetze Herr,
In dem sich alle Gesetze verlieren,
Wie Flüsse im Meer.

Du nährst und erhältst
Alles was wir sehen und zu sehen glauben;
Du bist der ewige Hunger nach Liebe,
Dein Durst nach Friede wird niemals gestillt.

Obwohl die Zeit Kettenpanzer Deiner Nackheit ist,
Obwohl der Raum Deiner Füße Sandale ist,
Die Dornen meiner Gebete reißen sie entzwei,
Und durchbohren Deinen Leib mit Seligkeit.

All-Heiler, der Du auch alle Wunden bist,
All-Leben, doch immerwährend sterbend,
Von allen gepriesen, doch jenseits aller Preisungen,
Alles beendend, doch selbst ohne Ende!

Du bist der Todesschmerz des Menschen,
Du bist der Schrei des verwundeten Tieres,
Du bist der stolze Berg
Und der Adler, der sich zu Tal schwingt.

Du bist das Ungeborene,
Das unter dem Herzen seiner Mutter singt,
Der Schlachtruf des neugeborenen Kindes,
Das Lied in der Kehle des Liebenden
Und die leuchtende Freude in den Augen der Braut.

Du bist die von Vogelschwingen gezogene
Linie am Firmament,
Du bist das Zittergras
Und der Tiger, der sich darin versteckt.

Du bist das dunkle Tor des Todes,
Du bist die Qual der Krankheit,
Du bist die Angst des Erschrockenen,
Und die verborgene Scham des Stolzes.

Du bist das Lied
Des sich im Winde wiegenden Schilfrohrs,
Du bist der Saite klingender Ton,
Du bist der Schlag der Trommel.

Du bist der Geschmack des Wassers,
Du bist das Licht der Sonne und des Mondes,
Du bist der Klang, der in der Stille verhallt,
Und die Heiligkeit der heiligen Bücher.

Du bist das Diadem der Schönheit,
Du bist die Krone der Wahrheit,
Du bist das Zepter der Wirklichkeit,
Du bist das Gute, das das Böse vernichtet,
Und die Heiligkeit, die das Gute überwindet.

»Das«, erklärte der heilige Mann, »ist die erste Stufe der Erleuchtung. Die zweite Stufe der Großen Erfahrung wird erreicht, wenn der Verehrende Gott nicht mehr fühlt und anbetet, sondern sich selbst als einen Teil Gottes begreift. Kein Guru außer Ramakrishna konnte durch die Kraft seiner Berührung einen Schüler über diese Stufe hinausführen. Sie ist der höchste Grad dessen, was man Erleuchtung nennt. In diesem Zustand wirst du dir, als Teil Gottes, zutiefst bewußt, daß alle Dinge mit dir in Gott leben: Du bist dir deiner selbst und des Selbst der anderen in gleicher Vollkommenheit bewußt. Das ist der höchste Punkt, zu dem dich die Erleuchtung führen kann. Aber wenn du Samadhi erlangst, gehst du über diesen Punkt hinaus. Worte können nicht beschreiben, wie weit du ihn zurückläßt. Erinnerst du dich an diese Zeilen der Upanishaden: '*Aham asmi prathamaja ritasya* – Ich bin älter als die strahlenden Götter; denn ich bin der Erstgeborene der Weltordnung. Ich bin die Pulsader der Unsterblichkeit, *Amritasya Nabhih*!' Das ist das Erlebnis des Menschen, der in Samadhi eingeht; er wird zu dieser Pulsader der Unsterblichkeit, die alle anderen Wirklichkeiten der Erfahrung nährt und erhält. Wenn auch in diesem Zustand dein Herz zu schlagen aufhört, und dein Bewußtsein erloschen scheint, so bist du doch lebendiger und bewußter, als jemals zuvor. Denn du bist zum innersten Mark der Wahrheit geworden, die alles ernährt.«

»Konnte dich Ramakrishna zu dieser Erfahrung des Samadhi führen?« fragte ich.

»Er ist der einzige Lehrer, der es vermochte«, antwortete er. »Kein anderer Heiliger hatte wie er diese Fülle an spiritueller Kraft. Andere können dir Erleuchtung geben. Seine Berührung aber erhob dich zum höchsten Grad des Samadhi. Jetzt verstehst du, mein Sohn,« schloß der Heilige, »daß sich der Mensch in der Erleuchtung mit allen Wirklichkeiten vereint, während er im Samadhi Eins wird mit der *Einen* Wirklichkeit in allem.«

Sein Blick schweifte über den Fluß, die ferne Stadt und den Himmel über uns. »Die Nacht ist weit fortgeschritten; es ist Zeit, schlafen zu gehen. Leb wohl, mein Sohn.«

Er erhob sich zum Gehen. »Samadhi kann nicht erklärt werden, es muß erfahren werden.« Da erhob er sein Gesicht zu den Sternen und sang: »Oh Nacht, du Spiegel des Schweigens ...«

Dann wandte er sich zu mir und flüsterte: »Samadhi ist deine Verwirklichung des Einsseins, das dein Selbst zur Mutter und zum Nährboden des Alls macht: *Nityo nityanam* ...

Das Ewige hinter allem Ewigen,
Das Bewußtsein hinter allem Bewußtsein,
Wird es als das Eine gefaßt,
Entweicht es in die Vielheit,
Größer als das Größte,
Kleiner als das Kleinste,
Der Schrei der Stille
Im Lärm der Wirklichkeiten.
Die Wahrheit aller Wahrheiten,
Und die Gottheit Gottes.«

Heiliger oder Inkarnation Gottes?

Das Beste, was ich über Ramakrishnas Heiligkeit gelesen habe, stammt aus der Feder von Swami Premananda. Er starb, bevor ich ins Kloster kam; so konnte ich nur in seinen Schriften den Saum seines Kleides berühren. Doch bevor ich seinen Bericht wiedergebe, möchte ich einige Worte, und seien sie nur aus zweiter Hand, über diesen Mann sagen.

Er war ein sehr hochmütiger Brahmane, bevor er seinem Meister begegnete. Fehlte ihm auch das stattliche Aussehen von Vivekananda und Turiyananda, so war er doch eine anziehende Erscheinung. Seine römische Nase, der energische Mund, das viereckige Kinn verrieten den Mann der Entscheidung und der Tat. Diese Züge wurden aber völlig ausgeglichen durch seine hohe Stirn und das Mitgefühl in seinen Augen. »Wenn er die Menschen ansah, goß er Liebe in sie«, sagen diejenigen, die ihn kannten.

Schon in seiner frühen Jugend zeigte Premananda einen sehr unabhängigen Charakter. Während er an der Universität studierte, besuchte er, ungeachtet der Mahnungen seiner Eltern und des Spotts seiner Freunde, häufig den Heiligen von Dakshineswar. Als der Meister ihn zum ersten Mal sah, fragte er Premananda: »Mein Junge, hast du dir überlegt, wohin du gehörst?« Damals beantwortete er diese Frage nicht.

Fünf Monate später brachte Premananda eines Nachmittags seine Eltern zum Meister und sagte zu ihm: »Jetzt weiß ich, wohin ich gehöre. Ich habe meine Eltern mitgebracht, damit sie mit eigenen Augen den Heiligen sehen, dem ich dienen will.« Von diesem Tag an wurde er in der Kunst der Meditation unterwiesen, bis er ungefähr sechs Jahre später die Einweihung erhielt. Nachdem er die Erleuchtung der Seele erfahren hatte, bekam er seinen neuen Namen. Er gab den vertrauten Namen Baburam, den seine Eltern ihm gegeben hatten, auf und hieß von nun an Premananda – Seligkeit der Liebe.

War seine Liebe auch allumfassend, der Jugend gegenüber, der er sich besonders eifrig annahm, zeigte sie sich ganz. Er half den Jungen nicht nur bei der Lösung ihrer spirituellen Probleme, sondern unterstützte sie auch bei ihren körperlichen Aktivitäten. Brauchten sie einen Fußballplatz, so gingen sie zu ihm – und immer beschaffte er ihnen einen Platz zum Spielen. Benötigten sie Boote, um auf dem Ganges zu rudern, stellte er ihnen die Boote des Klosters zur Verfügung. So wurde Premananda von allen Jugendlichen meiner Generation geliebt. War er damals auch schon über fünfzig Jahre alt, und meine Kameraden erst sechzehn oder siebzehn, so war doch seine Beziehung zu ihnen wie die eines Spielführers zu seiner Fußballmannschaft.

Ich kannte ihn nicht persönlich, aber nach so vielem, was ich in all diesen Jahren über ihn erfuhr, hatte ich ihn liebgewonnen. So war ich natürlich tief erfreut, als ich auf die Schriften Premanandas über seinen Meister Ramakrishna stieß. Ich machte mich sogleich daran, sie zu übersetzen. Vorausgeschickt sei, daß Premananda kein lauwarmer Gläubiger war. Er hielt Ramakrishna für eine Verkörperung Gottes und stellte ihn auf eine Stufe mit Buddha und Jesus. Und doch war er sich sehr genau der Unterschiede zwischen seinem Meister und den beiden anderen bewußt. So sagte er: »Ramakrishna, die gegenwärtige Inkarnation Gottes, strahlt Entsagung aus auf jede Art und Weise. Jede der göttlichen Inkarnationen hat ihre Eigentümlichkeit. Denke an die Speisung der Fünftausend mit fünf Broten, an das Gehen auf dem Wasser, an die Himmelfahrt und an das Wunder, daß die verdorrten Bäume Früchte trugen, damit die Menschen zu Essen hatten.

Nichts Vergleichbares hören wir von der gegenwärtigen Inkarnation Gottes: Ramakrishna wirkt keine Wunder.

Und bedenke noch eines: Fast alle früheren göttlichen Inkarnationen strahlten einen Glanz von Schönheit aus, der die Welt erfüllte; aber auch der fehlt Ramakrishna.

Als Girish den Meister fragte: 'Wo ist dieses Mal die Herrlichkeit der äußeren Erscheinung?', antwortete der Gesegnete: 'In den Tagen meines Betens und der Buße bat ich: Ich will keine körperliche Schönheit oder Herrlichkeit, Mutter, gib mir nur Erleuchtung der Seele!'

Ramakrishna fehlte die Schönheit der Gestalt und die Schönheit des Verstandes. Er war kein Gelehrter. Frühere Inkarnationen setzten die Gelehrten schon in jungen Jahren in Erstaunen. Buddha hatte alle Gelehrsamkeit seiner Zeit erschöpft, nur um am Heil zu verzweifeln. Zweifellos hatte er sich auch vom Weisheitsgehalt der Upanishaden genährt. Ramakrishna aber konnte bei aller Anstrengung seines Verstandes und aller Anspannung seines Denkens nicht mehr als ein wenig lesen und schreiben. Und doch schlichen sich die Gelehrten vor ihm davon, um ihr Wissen zu verbergen. Seine Wirkung auf sie glich der Wirkung der Sonne auf die Eule. Warum verkrochen sie sich wie Würmer in die Dunkelheit der Erde? Weil er von dort her kam, wohin ihre gelehrten Wortgefechte nicht gelangen konnten. Du kannst nicht alles von der heiligen Stadt Benares wissen, wenn du nur ihren Stadtplan betrachtest. Nur der Bürger des Ewigen – des zeitlosen Benares – kennt sie. Ramakrishna wußte, wie jede Tür des Zeitlosen zu öffnen ist; denn er hielt den Schlüssel der Unsterblichkeit in seinen Händen.

Noch etwas war ihm eigen: andere Inkarnationen verkündeten ihren jeweiligen Glauben; er aber lehrte nie einen Glauben. Eines Nachts, es war schon lange nach Mitternacht, hörte ich Ramakrishna die Terrasse auf und ab schreiten und zu sich selber sprechen. Ich ging hinaus, um zu sehen, was mit ihm war. Er sprach mit sich selbst und betete: 'Oh Mutter, erlaß mir die Ehre, eine neue Glaubensform zu schaffen. Mache aus mir keinen Verkünder einer neuen Religion.' Und zu mir sagte er: 'Laufe nicht Namen und Ruhm nach. Durchschreite die schmutzigen Wasser allen Ruhms und aller Namen – erreiche die Küste des Namenlosen! Laß die Menschen kommen, um von dir zu holen, was sie wollen; dann aber müssen sie wieder gehen. Sei wie eine Blume: blühe ganz auf. Laß die Bienen dein Herz plündern. Mag die Welt entzückt und bezaubert sein, du aber halte niemanden durch die Schönheit deiner Seele gefangen.'

Andere Inkarnationen haben ihr eigenes Licht hervorgehoben, und einige hielten das ihre für das einzige. Unser Herr aber sagt: 'Es gibt ebenso viele Lichter wie fromme Pilger! Wenn Gott unendlich ist, müssen auch die Wege zu Ihm unendlich sein.' Ramakrishna lebte so, daß er die innere Wahrheit jeder Religion zum Vorschein brachte. Wir sind nicht auf dieser Erde, um über unsere Verschiedenheiten zu streiten, sondern um Gott zu finden. Verlieren wir Ihn, so werden wir in ein Leben von Qual, Sünde und Schmerz versinken. Deshalb müssen wir Ihn mit allen Mitteln finden. Warum über die Wege streiten?

Betritt den Garten, iß seine süßen Mangofrüchte, und dann gehe wieder. Du bist nicht in den Garten gekommen, um die Blätter an dem Mangobaum zu zählen. Warum die Zeit mit Diskussionen über Fragen vergeuden wie: Soll die Verehrung Gottes in Bildern oder ohne sie geschehen? Besitzt Er eine Form oder ist Er formlos? Es ist nicht wichtig, ob die Lehre von der Wiedergeburt durchweg stichhaltig ist.

Wenn du die Ewige Stadt kennenlernen willst, frage diejenigen, die in Benares waren. Hast du alles gehört, was sie zu sagen haben, dann gehe weiter, betritt die heilige Stadt und werde selbst ihr Bürger. Bleibst du aber zu Hause und grübelst du darüber nach, ob die heilige Stadt so oder vielleicht anders sei, dann wirst du dies tausendmal, immer und immer wieder, erwägen – du wirst dadurch nicht um eine Haaresbreite näher nach Benares kommen.

Ob ich schon früher einmal hier geboren wurde oder nicht, das hat nichts zu tun mit dem Entschluß, daß ich hier und jetzt, in diesem Leben, Gott sehen will. Starres Festhalten an einem Bekenntnis nützt dir nichts; es kann deiner Seele schaden. Hast du Ihn erkannt, dann können dich religiöse Lehren nicht mehr beunruhigen! Dagegen, magst du auch sämtliche Schriften und Offenbarungen aller Söhne Gottes lesen und für wahr halten, so wirst du deshalb nicht imstande sein, Gott zu finden. Du mußt dich über Bücher und Lehrer erheben und Ihn schauen, den sie schauten. Dann werden dir plötzlich alle Mysterien ihre Geheimnisse offenbaren!

Er, dein Selbst, besitzt den Schlüssel. Bitte um Sein Erbarmen. Weihe Ihm dein Leben. Gott läßt sich nicht durch reglementierte Rituale einfangen. Er will von deinem Herzen, deiner Seele, deiner Sehnsucht, deinem ernsten Bemühen gefangengenommen werden.

In ihrer Eigenheit verkörperte jede Inkarnation für die Welt ein bestimmtes Ideal. Nicht, daß Ihr die anderen Ideale fehlten, aber es gab immer eines, das besonders stark hervortrat. Buddha verkörperte das Ideal eines Lebens ohne irdische Wünsche und Träume. Er war aller Dinge ledig. Er war so völlig ungebunden, daß er nicht einmal die Erlösung für sich wollte. Er wollte, daß die anderen sie fänden.

Nach Buddha kam Shankara, das Ideal der Weisheit. In seiner frühsten Jugend fragte ihn sein Lehrer: 'Woher kommst du? Wer bist du? Was bindet dich?' Shankara antwortete:

'Ich bin weder in den Sinnen, noch im Denken.
Ich bin nicht im Gefühl, noch bin ich Geschmack;
Das Atmen und das Schlagen meines Herzens
Selbst sie können mich nicht halten;
Augen die sehen, sehen mich nicht;
Ohren die hören, hören nicht mein Schweigen!
Denn ich bin nicht die Erde, noch bin ich in der Luft;

Das verbrennende Licht und die Räume des Äthers,
Selbst sie verstummen, wenn sie versuchen,
Mich zu benennen;
Denn ich bin unendliches Wissen,
Ich bin das Leben hinter allem Lebendigen,
Ich bin das Absolute,
Unendliches Dasein ...
Ich bin Glückseligkeit.'

Shankara verkörperte die Weisheit, und um diese Weisheit zu erfüllen, folgte die Inkarnation der Liebe – Chaitanya. So verweist jede dieser Inkarnationen auf alle anderen.

Wenn die Menge denkt, streitet sie. Um diesem Streiten ein Ende zu bereiten, erschien Ramakrishna. Er hat die Wahrheit aller Religionen durch sein Leben bestätigt und sie vereint durch ihr gemeinsames Ziel: die Verwirklichung Gottes. Ramakrishna war so tief erfüllt von Liebe und Erbarmen, daß er die Verkörperung der Toleranz und des Verständnisses wurde.

Ein Beispiel für sein Mitgefühl zeigt seine Pilgerfahrt nach Benares. Als er auf dem Weg dorthin die Armen und Notleidenden sah, sagte er zu dem reichen Mann, der ihn begleitete: 'Ich werde nicht weitergehen, um das Allerheiligste zu sehen, bevor diese Menschen nicht genährt und gekleidet sind.'

Als Ramakrishna, an Halskrebs erkrankt, im Sterben lag, kam eines Tages niemand, um Nahrung, Obdach oder einen Rat in spirituellen Fragen von ihm zu erbitten. Das ließ ihn seine körperlichen Schmerzen vergessen, und er rief: 'Wie muß ich leiden, weil heute niemand meiner Hilfe bedarf!'

Er, der kaum mehr sprechen und essen konnte, bat

laut für andere! So groß war sein Mitleid. Eineinhalb Jahre lang habe ich ihn täglich gesehen, ihn gepflegt und ihn beobachtet. Jeden Tag dachte er daran, irgendeinem Menschen zu helfen.

Ramakrishna war nie müßig, sondern immer bei der Arbeit. Er kümmerte sich um den Garten, er putzte im Haus; die verschiedensten unbedeutenden und niedrigen Arbeiten im Kloster verrichtete er, ohne je das Ziel seines Lebens aus den Augen zu verlieren. Er mochte keine Unordnung. Sogar das richtige Füllen eines Betelblattes mit Nüssen und Kalkstaub – reine Frauenarbeit – lehrte er mich. Er war ausgesprochen praktisch.

Keine religiöse Lehre nahm er allein durch Hörensagen an, sondern er erprobte ihren Wert, indem er sie praktizierte. Auf diese Weise führten ihn alle Religionen zu demselben Gott.

Nicht nur in allen Religionen, sondern auch in allen Wesen erblickte er Gott. Niemand wurde bevorzugt. Er war wie berauscht von der Liebe zu allen Geschöpfen. Nie unterlag er der Versuchung, eine Religionsgemeinschaft oder Sekte zu bilden. Wer Gott in allem und alle Dinge in Gott sieht, der braucht kein Glaubensbekenntnis, um sich schützend einzuzäunen. Das Juwel der Spiritualität bedarf keines Schmuckkästchens. An dem Tag, an dem wir, die Söhne Ramakrishnas, religiöse Lehren aufstellen und uns in Händeleien über Glaubensbekenntnisse einlassen, wird unsere letzte Stunde vor Niedergang und Dunkelheit gekommen sein. Ein Fluß braucht keine Uferbegrenzung, nur Teiche werden eingedämmt. Kein Wunder, daß sie mit der Zeit giftig werden. Ramakrishna hat uns gewarnt vor solch finsteren Gedanken wie: 'Wir sind Anhänger Ramakrishnas', oder: 'Keine Seele kann ohne Ramakrishna gerettet werden, darum müssen alle die Lehre Ramakrishnas annehmen.' Hüte dich vor solchen Streitigkeiten!

Unsere Schriften lehren, daß uns die Heiligkeit Herrschaft über unser ganzes Selbst gibt. Hättest du Ramakrishna gesehen, du würdest es glauben. Er beherrschte jede Ader, jede Zelle, jedes Blutkörperchen seines Körpers vollkommen. Als sein Hals ihm qualvolle Schmerzen bereitete, und wir ihn mit Medizin waschen wollten, fürchteten wir, ihm noch mehr Schmerzen zu bereiten; er aber sagte zu uns: 'Wartet! ... Jetzt wascht.' Er hatte sein Bewußtsein von dieser Stelle seines Körpers entfernt. Wir konnten alles tun, was die Ärzte angeordnet hatten, ohne daß er Schmerzen empfand. Dies war möglich, weil er seinen Körper, sein Herz, sein Bewußtsein und seine Seele vollständig beherrschte. Wie alle voll entwickelten Yogis konnte auch er die Tätigkeit seines Herzens anhalten und doch weiterleben. Er konnte das Bewußtsein von jeder Stelle seines Selbst zurückziehen. Ich erzähle keine Märchen. Ich habe mit eigenen Augen gesehen, was ich hier niederschreibe.

Und doch lebte er in seinem Körper. Wie war das möglich? Einmal gab er mir die Antwort: 'Eine völlig verwirklichte Seele, gleichgültig, wer es ist, lebt so wenig im Körper wie das Fleisch in einer vertrockneten Frucht – sie haftet nur noch ganz leicht an einer Seite der Haut.'

Ramakrishna kannte keine Kaste und sagte: 'Die Gott verehren, stehen jenseits jeder Kaste.' Manchmal war er nicht imstande, eine Speise zu essen, die ihm von jemand Hohem und Mächtigem dargebracht wurde, weil sie nicht von einem reinen Herzen kam. Dagegen aß er manchmal von dem Teller eines Kastenlosen (Paria). Einmal rief ein solcher Ausgestoßener: 'Nicht Herr, tu es nicht, ich habe verbotene Speise gegessen!' Ramakrishna aber aß weiter und sagte: 'Deine Nahrung ist rein, weil dein Herz ohne Sünde ist.'

Wollte jemand Ramakrishna ein Geschenk machen, um dafür eine Gefälligkeit zu erhalten, nahm er es nicht an. Gleichzeitig mochte er die Frömmler nicht, die an fortwährender Angst vor Befleckung litten: 'Zu viel Beschäftigung mit der Reinheit wird zur Plage. Menschen, die von dieser grausamen Krankheit befallen sind, fällt es schwer, an Gott zu denken.'

Einer unserer Mitschüler, der sich zu schwach fühlte, den spirituellen Weg zu gehen, ging zu Ramakrishna und schüttete ihm sein Herz aus. Der Meister sagte: 'Gut, *Vakil-at-nama*.' Das heißt: 'Gib mir die Vollmacht, dich vor Gott zu vertreten.' Dies ist eine der schwersten Aufgaben; denn sie verlangt die äußerste Aufrichtigkeit von dem, der die Vollmacht gibt. Nur wenn er durch und durch ehrlich ist, kann sein Meister für ihn arbeiten. Ein Mensch von solcher Aufrichtigkeit hat soviel Kraft, daß er alles vermag. Das ist es, was wirklich geschieht. Ramakrishna sagte zu ihm: 'Deinem Meister die Aufgabe zu übertragen, Gott für dich zu verwirklichen, heißt, dir selbst völlig zu entsagen, so daß du vollkommen unempfindlich wirst gegenüber der materiellen Welt von Gut und Böse!'

Ramakrishna trug fast immer ein Buch bei sich mit dem Titel: 'Das Heil und seine Verwirklichung', das wir ihm oft vorlasen. Seine Liebe zu philosophischen und religiösen Büchern erklärte er uns mit den Worten: 'Wenn ihr etwas über Ihn lest, so seid ihr auf Ihn eingestimmt. Ihr könnt nicht immer meditieren. Dann macht das Zweitbeste: lest über Ihn. Wenn der Zephir, der Südwind, nicht von der See her weht, um euch Kühlung zu bringen, müßt ihr sie euch mit dem Fächer selbst zuwehen.'

Über Wallfahrtsorte sagte Ramakrishna: 'Wer Gott nicht in sich trägt, wird Ihn auch an einem heiligen Ort nicht finden. Wer den Herrn in seinem Herzen trägt, wird Ihn dort finden. Die Menschen bringen die Heiligkeit mit sich an einen Ort und machen ihn heilig. Die Reinheit der Menschen macht einen Platz zu einem Wallfahrtsort. Wie könnte sonst ein Ort den Menschen läutern?'

So versenkt euch mit dem Segen Ramakrishnas tief in die Spiritualität, senkt euch in sie hinab, bis ihr den Grund findet – bis ihr Ihn findet. Gott wird nicht durch theoretische Erörterungen gefunden, sondern durch Verwirklichung. Wir müssen Ihn jetzt in diesem Leben und mit jedem uns zur Verfügung stehenden Mittel verwirklichen. Ohne Ihn gibt es keinen Weg zur Glückseligkeit. Und nichts auf Erden kann dir ohne Ihn Frieden geben.«

Hier enden Premanandas Aufzeichnungen. Er ist vollkommen davon überzeugt, daß Ramakrishna eine göttliche Inkarnation war. Aber was ist mit denen, die diese Überzeugung nicht teilen? Ramakrishna selbst gibt die Antwort: »Alle Wege führen zu demselben

Gott.« Und eines der Gesetze, die im Kloster gelten, heißt: »Wer glaubt, daß Ramakrishna nur ein Heiliger ist, hat ebenso recht, wie jener, der ihn eine Inkarnation Gottes nennt.« Und wenn ich dem Leser einen Rat geben sollte, würde ich sagen: »Es ist nicht wichtig, was irgendjemand sagt, wirklich wichtig ist allein das Leben, das Ramakrishna lebte. Wenn das Beispiel dieses Lebens nicht unsere spirituelle Entwicklung fördert, dann werden auch die schönsten Worte über ihn und von ihm für uns bedeutungslos bleiben.«

Ramakrishna und ein eigensinniger Künstler

Von den zahlreichen Schülern Ramakrishnas erwies sich Girish Ghose, der berühmte Bühnenautor, als der schwierigste. Schon bevor er dreißig Jahre alt war, galt er als ein Genie. Etwa zu dieser Zeit verlor er seine Frau, und mit ihr verlor er auch seinen Glauben an Gott. »Wie kann es einen Gott geben, wenn Er die, die jung und schön sind, sterben läßt?« Diese Frage trieb ihn, alle Religionen der Welt nach einer Antwort zu durchforschen. Doch keine konnten ihn befriedigen. Gleichzeitig untergrub sein Umgang mit den freien Künstlern der Theater von Kalkutta seine sittliche Kraft. Ungefähr fünf Jahre nach dem Tod seiner Frau stürzte sich Ghose, der in der Religion keinen Trost finden konnte, in grenzenlose Ausschweifungen. Innerhalb kurzer Zeit wurde er als Trinker bekannt. Es erschien den meisten Leuten seltsam, daß er unter der Einwirkung des Alkohols zwei religiöse Stücke schrieb, die fünf Jahre lang aufgeführt wurden. Fand er auch in keinem Glauben wirklich Trost, so fand er im Leben religiöser Lehrer eine Fülle inspirierender Einfälle für seine Stücke. Er schrieb die Schauspiele '*Buddha*', '*Chaitanya*' und, nach dem Leben von Tulsidas, *'Bilvamangal, der Heilige des Mittelalters'*. Dieses Stück wurde sogar ins Englische übersetzt und unter dem Titel *'Chintamani – die Suche nach dem Unendlichen'* veröffentlicht.

In all diesen Stücken vertrat Girish die Ansicht: »Religionen sind düster und hart, aber religiöse Menschen vermitteln starke Impulse und besitzen viel Mitgefühl.«

Seine Beschäftigung mit dem Leben der Heiligen weckte in ihm immer mehr das Bedürfnis, solch einem Menschen einmal tatsächlich zu begegnen. Jedes Mal, wenn er nüchtern war, suchte Girish nach einem Heiligen, der seinen Erwartungen entsprach. Enttäuschten ihn auch die meisten der heiligen Männer, die er traf, so gab er doch seine Suche nicht auf.

Schließlich erfuhr er von einem Freund, daß in Dakshineswar ein heiliger Mann lebe, der ihn zufriedenstellen würde. Die Legende erzählt, Girish habe sich stark betrunken, bevor er sich auf den Weg zu Ramakrishna machte. Zweifellos wollte er den Heiligen reizen, den er während dieses ersten Besuchs fortwährend beleidigte. Immer wieder erklärte er: »Ich mache mir nichts aus Gott, und mehr noch: obwohl ich weiß, daß das Trinken Sünde ist, trinke ich doch, um zu zeigen, was ich von deinem Gott halte.«

Ramakrishna antwortete: »Trinke und proste Gott zu, vielleicht trinkt Er auch.«

Wütend fuhr Girish auf: »Woher willst du das wissen?«

Da antwortete Ramakrishna: »Würde Er nicht trinken, wie hätte Er dann eine Welt schaffen können, in der es dermaßen drunter und drüber geht?« Diese Antwort nahm Girish allen Wind aus den Segeln.

Dann fragte Girish: »Was ist ein Guru?«

Und Ramakrishna erklärte: »Ein Guru ist ein Mensch, der einen anderen zu Gott hinführt. Du selbst hast einen Guru, wenn du bereit bist, ihn anzuerkennen.«

Doch Girish war zu betrunken, um diesen Hinweis zu begreifen. Damit sich dieser Gedanke in Ruhe in Girishs Bewußtsein einprägen konnte, änderte Ramakrishna das Thema und fragte: »Kann ich dein Theater besuchen?«

»Aber ja«, antwortete Girish, »du bist jederzeit willkommen.«

Nachdem Girish gegangen war, sagten einige kritische Schüler zu Ramakrishna: »Was für ein gemeiner, abstoßender Kerl! Was siehst du nur in ihm?«

»Einen großen Gottesverehrer!« war die rätselhafte Antwort des Gesegneten.

Einige Tage später ging Ramakrishna in das Theater, um Girish in einem seiner Stücke spielen zu sehen. Am Ende des Schauspiels erschien Girish, solange geklatscht wurde, immer wieder vor dem Vorhang; denn er war sehr eitel. Als der Heilige später die Künstlergarderobe betrat, um ihm sein bescheidenes Lob auszusprechen, fragte ihn Girish selbstbewußt, doch mit einer Stimme voll gekünstelter Bescheidenheit: »Ich bin so froh, daß dir mein Spiel gefiel. Kannst du mir sagen, was ihm noch fehlt?«

Ohne Eile aber auch ohne zu zögern antwortete Ramakrishna: »Du leidest an einer unehrlichen Seele.«

Voller Eifer fragte Girish: »Wie kann ich das loswerden?«

Da sagte der Meister: »Was du dringend brauchst, ist

Religion.«

Diese Worte ärgerten Girish. Er, der bisher noch nie von jemandem einen Rat angenommen hatte, war über Ramakrishna so erzürnt, daß er seine Haltung verlor und ihn mit allen Namen beschimpfte, die ihm in seiner Trunkenheit in den Sinn kamen. Derartiges hatte der Gesegnete offenbar erwartet, denn ganz ruhig und gelassen stand er da und hörte Girish zu. Als dieser endlich aufhörte, segnete er ihn und ging zurück nach Dakshineswar.

Natürlich schickte Girish am nächsten Morgen einen seiner besten Freunde zu Ramakrishna, der den Meister in seinem Namen um Verzeihung bitten sollte. Der Vermittler aber kannte Ramakrishna zu gut, um die Bitte um Vergebung vorzubringen. Stattdessen sagte er: »Meister, Girish ist ein zu großer Mensch, als daß er in der Alkoholsucht untergehen sollte.«

»Aber er gebraucht harte Worte«, warf der Heilige ein.

»Du mußt sie ertragen«, antwortete der Freund.

Da lächelte der Meister und fragte mit einem spöttischen Augenzwinkern: »Und wenn er mich totschlagen würde?«

»Auch das würdest du ertragen, Herr. Er kann dir nicht geben, was er nicht hat. Er verteilt Hiebe und Kränkungen wie eine Schlange ihr Gift verbreitet.«

Bei diesen Worten des Freundes sagte Ramakrishna: »Hole mir bitte sofort einen Wagen! Ich muß zu ihm. Kannst du mich zu seinem Haus bringen?«

Als Ramakrishna dort ankam, traf er Girish in völlig betrunkenem Zustand an. Doch der Meister sprach zu ihm mit soviel Achtung vor seinem Urteilsvermögen, als sei er nüchtern. Das brachte die erwünschte Wirkung.

Anstatt seine Haltung zu verlieren, hörte Girish dem Meister aufmerksam zu, und Ramakrishna blieb bei ihm, bis Girish in tiefen Schlaf fiel.

Von diesem Tag an fühlte sich Girish zu Ramakrishna hingezogen. Trotzdem konnte er weder das Trinken noch den Umgang mit seinen Künstlerfreunden aufgeben.

Es lohnt sich festzuhalten, wie Ramakrishna mit Girish umging. Eines Tages fuhr Girish in seinem Wagen nach Dakshineswar. Er war ganz nüchtern. Als Ramakrishna ihn durch den Garten kommen sah, sagte er zu einem seiner Schüler: »Ich sehe, er ist nüchtern; aber in seinem Wagen liegt eine Flasche Schnaps. Hole sie mir heimlich.« Girish kam herein und setzte sich zu Ramakrishna, der über Gott sprach. Die Stunden vergingen schnell, und mit der Zeit wurde Girish immer durstiger. Als er es schließlich nicht mehr länger aushalten konnte, stand er auf, um zu seinem Wagen zu gehen. Aber Ramakrishna hielt ihn zurück: »Du brauchst sie nicht zu holen. Ich habe sie schon bringen lassen. Hier ist die Flasche! Trinke, mein Sohn!«

Von diesem Tag an trank Girish immer weniger. Als er Jahre später gar nicht mehr trank, soll er gesagt haben: »Wißt ihr, warum ich das Trinken aufgegeben habe? Einfach deshalb, weil es mir mein Guru Ramakrishna nie verbot. Er gab uns nicht nur Heiligkeit, sondern auch Freiheit. Er bat uns nie, etwas seinetwegen zu tun.«

Doch Girishs Problem lag tiefer als nur in der Trunksucht. Sein wirkliches Problem war seine Abscheu vor jeglicher Disziplin und Enthaltsamkeit. Er sehnte sich nach der Gottesverwirklichung; aber beten oder meditieren wollte er nicht. Es war allgemein bekannt, daß er viel zu ungeduldig und zu vergnügungssüchtig war, um irgendeinen der in den Schriften vorgeschriebenen schwierigen Riten auszuführen. Sein Umgang mit Ramakrishna wurde zwar immer vertrauter, doch Girish konnte keinen inneren Frieden finden; im Gegenteil, er fühlte eine immer stärkere Unruhe. Eines Tages fragte er: »Soll ich den Umgang mit meinen Schauspielerfreunden aufgeben? Soll ich das meiner Religion zuliebe tun?«

»Nein«, riet der Meister, »das ist nicht nötig. Du darfst die Gefallenen nicht aufgeben. Gott kommt für sie auf die Erde. Bist du reiner als Gott?«

Als er das nächste Mal zum Meister kam, fragte er ihn: »Soll ich mit dem Trinken aufhören? Würde nicht das mich Gott näher bringen?«

Ramakrishna erwiderte: »Was du auch aufgibst, es wird dich nicht weit bringen, wenn du nicht betest und meditierst. Jeden Tag trinkst du weniger; hat dich das dem Herrn näher gebracht? Du kannst das Absolute durch solche Schauspielerkunststücke nicht täuschen.«

»Was aber soll ich tun? Ich kann nicht beten, ich kann nicht meditieren!«

An diesem Tag gab ihm Ramakrishna keinen Rat mehr, und Girish verabschiedete sich. Während der nächsten vierzehn Tage gab er sich alle Mühe, über den Geliebten zu meditieren und zu Ihm zu beten. Doch seine Bemühungen blieben erfolglos. Schließlich war er völlig verzweifelt. »Diese Sache mit dem Beten muß endlich auf irgendeine Weise geklärt werden«; mit diesen Worten zog er sich an – vornehm wie immer – und machte sich auf den Weg nach Dakshineswar, denn er wollte mit seinem Meister sprechen.

Er fand Ramakrishna in seinem Zimmer, von einigen Schülern umgeben. Der Meister unterbrach sein Gespräch und wandte sich unmittelbar an Girish. Sofort hatte er erkannt, was Girish beschäftigte, und aus dem Mund des Unglücklichen vernahm er die verzweifelten Worte, daß Girish sich lieber das Leben nehmen wolle, als zu beten und zu meditieren.

»Aber, Girish, ich verlange doch nicht zu viel von dir! Du sollst nur für einen Augenblick vor den Mahlzeiten und vor dem Einschlafen an Gott denken. Tust du das aufrichtigen Herzens, dann, glaube ich, ist es genug. Kannst du das nicht tun?«

Nach längerer Überlegung antwortete Girish mit erschreckender Endgültigkeit: »Ich kann es nicht tun. Ich bin ein Künstler. Ich weiß nicht, wann ich esse oder wo ich schlafe.« Wieder dachte er einige Zeit nach. Nachdem er jedes Wort sorgfältig abwogen hatte, sagte er: »Ich hasse jede Regelmäßigkeit. Ich ertrage keine strengen Gebote und unbeugsamen Vorschriften. Ich will nicht beten; ich will nicht meditieren! Ich kann nicht einmal für einen Augenblick an Gott denken!«

Ramakrishna überlegte eine Weile, dann sagte er: »Willst du Gott schauen, ohne Ihm auch nur einen einzigen Schritt entgegenzugehen, dann bleibt nur eine Möglichkeit. Willst du mir *Vakil-at-nama*, Vollmacht, geben?«

»Vollmacht? Was meinst du damit, Herr?« fragte Girish verwirrt.

Ramakrishna gab folgende Erklärung: »Ich meine, ob du mir das Recht gibst, für dich zu beten. Willst du, daß ich für dich bete? Dann sei von nun an ein wahrer Künstler! Iß, was dir gegeben wird; schlafe, wo sich dir die Gelegenheit dazu bietet. Verlange von niemandem etwas. Du hast keinerlei Verantwortung. Nimm alles an, was geschieht, und bitte um nichts für dich selbst. Lebe nach der Regel: *Tvaya hrishikesha hridisthitena yatha niyukto'smi tatha karomi* – So wie Du es in meinem Innersten willst, oh Geheimster Meister, so will ich handeln. Versprich, ein Leben der vollkommen Hingabe an Gott zu führen.«

Girish erklärte sich hierzu bereit und gab seinem Guru auf der Stelle diese Vollmacht. Er beschloß, von nun an zu leben »wie ein Blatt, auf Gnade und Ungnade der Sonne und dem Wind preisgegeben und ausgeliefert; oder, wie ein Kätzchen, völlig abhängig von der Mutter, die ihre Jungen in einem königlichen Bett oder in einer Mülltonne zur Welt bringt. Er entschied sich für ein Leben der völligen Hingabe!«

Ramakrishna war ein strenger Lehrer. Er begann, Girish in seine neue Lebenshaltung einzuweisen. Es fiel Girish schwer, von niemandem etwas zu verlangen. Tag für Tag mußte dieser freiheitsliebende Künstler solange auf alles, was er wollte, verzichten, bis es ihm gegeben wurde. Aber er hielt sein Versprechen.

Eines Tages hörte der Meister, wie Girish sagte: »Das will ich tun!«

»Was hast du gesagt?« fragte ihn Ramakrishna. »Du hast keinen Willen, um eine auch nur im geringsten selbstsüchtige Tat auszuführen. Es gibt nichts, das du tun solltest; denn ich habe deine Vollmacht. Denke daran, daß du lebst und dich bewegst, wie es der Herr in dir will. Ich bete für dich; aber alle meine Gebete werden zunichte, wenn du nicht jedem Eigenwillen entsagst.«

Von diesem Tag an vollzog sich in Girish eine große

Verwandlung. Er erkannte, daß die Hingabe der eigenen Verantwortung an einen erleuchteten Meister die Hingabe des eigenen Selbst an das Selbst des Universums bedeutet. Diese Hingabe zwingt einen, ohne den Wunsch nach persönlichem Glück zu leben. Eigensinnig wie immer hielt Girish sein Versprechen, und indem er sich daran hielt, wurde er tief religiös. In kurzer Zeit wurde er einer der einflußreichsten spirituellen Menschen seiner Zeit. Je einflußreicher er wurde, desto härter arbeitete er an seiner Kunst. So wurde er unser größter moderner Dramatiker, und es gibt in der Tat keinen größeren seit unseren Klassikern Kalidasa, Bhavabhuti und Vyasa.

Girish war nicht nur unser größter moderner Bühnenschriftsteller, sondern ein ebenso großer Schauspieler und Regisseur. Er zeigte den Frauen aus den sozial untersten Schichten, wie sie ihr Leben sinnvoller gestalten können, indem sie aus dem Theaterspielen ihren Lebenserwerb machen. So rettete er viele aus dem Elend, indem er sie die Schauspielkunst lehrte. Aber damit nicht genug; mindestens ein halbes Dutzend großer Schauspielerinnen konnten sich dank ihm emporarbeiten. Sie waren zu einem Leben des Lasters verdammt, da bis dahin Knaben die Frauenrollen auf der Bühne darstellten. Seit Girish hat sich das alles geändert. Er stellte diese Schauspielerinnen der Öffentlichkeit vor und führte sie zu höchstem sozialen Ansehen.

Vor kurzem besuchte eine dieser großen Schauspielerinnen, nun eine alte Dame, meine Frau und mich und erzählte uns, wie 'Vater' – so nannte sie Girish – arbeitete. »Er rief im Leben der Frau eine grundlegende

Umwälzung hervor. Frauen in entsetzlicher Armut wurden durch die Bühne aus dem Abgrund des Lasters gerettet. Aber 'Vater' machte hier noch nicht halt. Er brachte uns alle mit Ramakrishnas Lehre in Berührung. Er wollte, daß wir während der Stunden der Andacht in das Kloster kämen und zu Gott beteten. Einige von uns fürchteten, wir könnten den Boden des Heiligtums beflecken. Aber 'Vater' sagte: 'Würde Ramakrishna noch leben, er selbst würde euch und mich unterweisen. Er liebt uns alle. Ist er nicht auf die Erde gekommen für die Gefallenen, für uns?'«

Unsere Gespräche mit vielen anderen alten Schauspielern und Schauspielerinnen überzeugten uns, daß Girish durch sein Leben unter seinen alten Freunden aus dem Künstlerkreis mehr spirituell Gutes tat, als wenn er sie verlassen hätte. Nach der zweiten Geburt seiner Seele handelte er nicht wie ein moralischer Emporkömmling. Er verleugnete nicht seine Vergangenheit. Immer stärker aber wurden durch ihn seine Freunde und seine Schriften vom Geist Ramakrishnas duchdrungen. Und was die Vollmacht betrifft, die er einst seinem Meister gab, so verletzte er sie nie, wie Turiyananda und andere bezeugen. Sie alle bestätigen: »Girish war der religiöseste von uns allen. Er lebte, wie er es versprochen hatte, nach den Eingebungen des ihm innewohnenden Gottes.« Selbst im Sterben vergaß er nicht die Vollmacht; denn mit seinem letzten Atemzug betete er: »Dieser Wahn der Materie ist ein furchtbarer Schleier; nimm ihn von meinen Augen, Ramakrishna!«

Die letzte Reise

Um das Jahr 1885 stellte sich heraus, daß Ramakrishna an Halskrebs litt. Der Meister sagte wiederholt zu seinen Schülern, daß der Zeitpunkt, da er nicht mehr in ihrer Mitte sein würde, rasch herannahe. Zweifellos betrübte sie das alle, und um dieser Situation gewachsen zu sein, intensivierten sie ihre spirituellen Übungen beträchtlich. Vivekananda, die führende Persönlichkeit unter den Schülern, spornte seine Mitschüler an mit den Worten: »Der Meister ist ernstlich krank. Wer weiß, wie lange er noch in seinem Körper bleiben wird? Wir wollen ihm durch vermehrte Gebete und Meditation mit aller Kraft dienen. Arbeiten wir jetzt nicht mit aller Anstrengung, so werden wir dies nach seinem Heimgang bereuen. Vergeuden wir unsere Zeit nicht mit unseren kleinen menschlichen Vorhaben! Die Fangarme der Begierde und Weltlichkeit sollen uns nicht festhalten. Laßt uns mit aller Kraft arbeiten, bis wir Göttlichkeit leben, Göttlichkeit atmen und Gottes Willen vollbringen.«

Als die Unheilbarkeit des Leidens bekannt wurde, bestürmten die Menschen den Meister, er solle sich durch ein Wunder heilen. »Herr, wenn du ein Heiliger bist, kannst du dich selbst heilen.«

Ramakrishna, dessen Hals bei jedem Wort schmerzte, sagte zu ihnen: »Was sollen diese dummen Vorschläge? Dies hier« – und er deutete auf sich selbst – »wurde ein für alle Mal Gott hingegeben. Wie kann ich oder irgend jemand sich dazu erniedrigen, es wieder zurückzunehmen?«

Während seiner Krankheit wandte Ramakrishna seine ganze Aufmerksamkeit fast ausschließlich seinen nächsten Schülern zu. »Diese Krankheit scheidet den inneren Schülerkreis vom äußeren. Die allem entsagt haben, leben hier und gehören zum inneren Kreis. Sie müssen zusammen streben und das Sein schaffen, das Männer und Frauen der kommenden Jahrhunderte erleuchten wird.«

Obwohl sich sein Gesundheitszustand im folgenden Jahr zusehends verschlechterte, scheute er keine noch so schmerzvolle Mühe und unterwies die Gruppe seiner Schüler. Er legte in ihr Bewußtsein und in ihre Seelen alles, was er selbst in sich trug. Da er keine feste Nahrung mehr zu sich nehmen konnte, trank er hin und wieder ein wenig Milch. Aber dieses bißchen Milch konnte seinen hochgewachsenen Körper nicht bei Kräften halten. Je mehr seine Kräfte abnahmen, um so härtere spirituelle Übungen legte er seinen Schülern auf. Dies betraf vor allem Vivekananda und die »heilige Mutter«, denen die Führung der übrigen zufiel. »Ich vertraue sie euch an«, sagte der Meister zu ihnen.

Im Laufe von eineinhalb Jahren richtete die furchtbare Krankheit entsetzliche Verheerungen im Körper des Meisters an. Sein Ende rückte immer näher. Auch jetzt noch gab es Leute, die ihn drängten, er solle das Wunder vollbringen, sich selbst zu heilen. Nicht nur Außenstehende drängten ihn dazu, sondern auch ein oder zwei seiner eigenen Schüler. Er antwortete ihnen: »Ich kann mich nicht selbst heilen, denn ich habe keinen eigenen Willen. Es ist nun Gottes Wille.«

Täglich wurde es schwerer, ihn dazu zu bringen, im Bett liegen zu bleiben. Er wollte aufsitzen und zu ihnen sprechen – um alles zu geben, was er erkannt und verwirklicht hatte. Auf Kissen gestützt saß er im Bett, und unterhielt sich mit jedem seiner Schüler über die Fragen, die ihn bewegten.

Eines Nachmittags im Juli wurde es ganz offensichtlich, daß Ramakrishnas Ende nahe bevorstand. Der Meister litt große Qualen, und doch bestand er darauf, im Bett aufzusitzen. Man ließ ihn gewähren. Sein Bart war lang geworden, die Mundwinkel waren schmerzverzerrt; aber seine dunklen, schrägstehenden Augen strahlten voller Licht. Dieses Licht stieg, wie die Flut eines Flusses, höher und höher, und ergoß sich dann über sein ganzes Gesicht. Es war so schön und so gewaltig, daß niemand es lange betrachten konnte. Die Schüler mußten sich abwenden, bis der Meister das Licht wieder zurücknahm. Manchmal verharrte er so eine Dreiviertelstunde lang. Dann begann er zu sprechen. Und bereitete es ihm auch Schmerzen wie der Biß von hundert Kobras, er gab auf alle Fragen, die seine Schüler bewegten, Antwort. Er wollte nicht sterben, ohne seinen Schülern alles, was sie wissen wollten, gesagt zu haben. Mit einer Festigkeit, die nicht von dieser Welt war, sagte er:

»Warum ich euch alles erzähle, was ich weiß? Weil ich euch mit mir gebracht habe. Kein Lehrer kommt ohne seinen eigenen Kreis Getreuer auf die Welt. Sie verstehen ihn als erste; dann vermitteln sie ihn der Welt. Ich erzähle euch alles, damit ihr ohne jede Geheimnistuerei und Zauberei die Einfachheit der Wahrheit verkünden könnt ... Ihr und ich, wir kamen auf die Welt als eine Gruppe fahrender Sänger. Fahrende Sänger singen vor der Tür eines jeden Hauses, dann ziehen sie weiter. Keiner will ihre Namen wissen. Wir haben an den Pforten der Welt gesungen! Wenn wir fortgehen, wird keiner unsere verborgenen Namen kennen ... Schmerz ist unvermeidbar, solange sich der Geist durch Formen offenbaren muß. Es ist der Körper, die Form, die leidet ... Man muß der Materie entsagen. Sitzt jemand auf einem Kissen, das man selber haben möchte, dann muß man ihn fortbewegen, um es zu bekommen. So muß man auch den Materialismus wegräumen, um darunter den Geist zu entdecken. Im Laufe der Zeit wird jeder von euch den Einen Geist finden, der alles erfüllt. Doch das kommt erst später ...« Dann zeigte er auf einen Schüler und sagte: »Er geht wie ein scharfes Schwert umher, während jener da drüben, Hirananda, fügsam ist, und doch den Stachel des Geistes in sich trägt; er ist wie eine Kobra unter der Flöte des Schlangenbeschwörers – ganz gefügig, doch die Kraft zu beißen bleibt.« Eine Zeitlang schwieg er, dann sagte er ruhig, als wollte er sich selbst über diesen Punkt Klarheit verschaffen: »Heute habe ich euch alles gegeben. Nichts nehme ich mit mir. Nun bin ich ohne Besitz wie ein Bettler. Seid nicht mehr auf mich angewiesen, noch auf irgend jemand sonst. Seid nur auf Ihn angewiesen. Durch Seine Kraft werdet ihr handeln, durch Seine Kraft werdet ihr der Welt große Güte erweisen. Und wenn ihr dies getan habt, dann werdet ihr, die fahrenden Sänger, in das Haus des Gesangs zurückkehren, von dem ihr gekommen seid.«

In diesem Moment brach die Dämmerung herein. Plötzlich ging Ramakrishna in Samadhi ein. Sein Atem hielt an, sein Herz schlug nicht mehr. Der Puls blieb stehen, und sein Körper wurde steif. Im Licht der Lampen wachten seine Schüler bei ihm. Um Mitternacht trat er aus dem Samadhi und sprach fast eine Stunde lang zu ihnen. Gegen ein Uhr morgens trat er wieder in Samadhi ein. Sein Haar stand in die Höhe, seine halbgeschlossenen Augen strahlten vor Licht. Ein Lächeln trat auf seine Lippen, wurde tiefer und breitete sich über sein ganzes Gesicht aus. Dann glitt es langsam über seine Stirn und die Wangen zurück und verbarg sich in seinen Mundwinkeln. Hier flackerte es noch für einige Augenblicke wie eine Flamme auf, dann zogen sich seine Lippen plötzlich zusammen, und das verebbende Lächeln erfror in der Starre des Todes.

Turiyanandas Schlußworte

Wie ich bereits in einem der vorhergehenden Kapitel angekündigt habe, möchte ich mich nun ausführlicher mit Swami Turiyanandas Lebenswerk befassen. Er war einer der Schüler Ramakrishnas, die ich persönlich kannte. Da er nicht mehr lebt, kann ich ohne Vorbehalt über ihn sprechen.

Seine große Kraft und das Ansehen, das er bei anderen heiligen Männern genoß, habe ich schon erwähnt. Zu seinen Füßen lernte ich mehr vom innersten Wesen der Religionen Indiens, als ich in Worte fassen kann. Wegen seines außerordentlichen spirituellen Formats kehrte ich zu Turiyananda zurück, um von ihm eine abschließende Würdigung der Botschaft Ramakrishnas zu erhalten.

Das Kloster von Benares, dem Turiyananda vorstand, war in zwei Teile geteilt, die voneinander durch eine hohe Betonmauer getrennt waren. Der eine Klosterbezirk hieß Gunatita, der andere Saguna.

Im ersten Teil lebten etwa zwölf Mönche, die durch Meditation und Konzentration Gunatita, Gott ohne

Namen und Formen, zu verwirklichen suchten. Sie praktizierten keine Rituale und Riten, sondern verbrachten ihre Tage mit Übungen zur Konzentration und inneren Schau. Sie waren äußerst eifrige Gelehrte und studierten alle philosophischen Systeme Indiens und des Westens. Ihr Haus, ein zweistöckiges Ziegelsteingebäude, rief einen Eindruck grenzenloser Melancholie hervor. Keine Mauer, keine Tür, nicht ein einziges Möbelstück wies die geringste unnütze Verzierung auf. In diesem Haus des Schweigens und der Meditation war Schönheit auf das Allerwesentlichste reduziert. Ich weiß nicht, warum Turiyananda, der ein Yogi und Heiliger war, nie im Gunatita-Bezirk lebte.

Im Gegenteil, er hielt sich im Saguna-Teil des Klosters auf. Saguna, die Verehrung Gottes durch Name und Form, besteht in der Verwirklichung Gottes durch Arbeit und Gebet, durch die Einhaltung religiöser Regeln, durch Rituale und Feste. Das Wort Saguna umfaßt eine Vielzahl religiöser Handlungen, wie das Speisen der Hungrigen, die Unterstützung Bedürftiger, die Krankenpflege und die Unterweisung derer, die darum bitten. Wegen diesen unterschiedlichen Tätigkeiten besaßen die Saguna-Verehrer ein großes Gelände mit verschiedenartigen Gebäuden und ausgedehnten Gärten. In einem abgelegenen Winkel dieser Gärten stand unter hohen Bäumen Turiyanandas Hütte. Da ich mich schon an anderer Stelle mit Turiyanandas Vorstellung von der Erlangung des Heils durch gute Werke auseinandergesetzt habe, werde ich hier nicht näher darauf eingehen. Aus seinem Mund wollen wir nun etwas über die Bedeutung der Botschaft Ramakrishnas hören.

Es war an einem Junimorgen, als ich vor Turiyanandas Hütte stand. Ich trat ein. Das Innere der Hütte lag wie üblich im Halbdunkel und es war recht kühl in ihr. Es drang kaum Sonnenlicht herein, und doch war es hell genug, um die Menschen und Gegenstände in der Hütte deutlich ausmachen zu können. Im ockerfarbenen Gewand des Sannyasin saß Turiyananda in der Mitte des Raumes auf einem Sofa. Ein Blick in sein Gesicht genügte, um mich von seiner vollendeten Heiligkeit zu überzeugen. Ich nahm den Staub von seinen Füßen und setzte mich vor ihm auf den Boden. Aufmerksam betrachtete ich ihn. Dieses Mal strahlte dieser Löwe von einem Menschen eine unbeschreibliche Zartheit und Sanftheit auf mich aus. Seine Augen, sein Mund, selbst sein leicht nach vorne geneigter Kopf ließen auf mich den Segen eines Liebenden und Sehenden niederregnen. Er betrachtete mich – ich weiß nicht wie lange – dann öffneten sich seine lächelnden Lippen, und mit tiefer Stimme sagte er: »Du willst mir Fragen stellen, mein Sohn?«

»Ja, Herr, über deinen Meister und über dieses Kloster.«

»Über Ramakrishna sind euch allen meine Gefühle bekannt; möge er euch mit Erleuchtung segnen.«

»Herr«, begann ich wieder, »wenn ich Ramakrishnas Größe auch nur im geringsten verstehe, so deshalb, weil ich dich gesehen habe.«

»Du meinst, ein Zwerg wie ich könnte dir die den Himalaya überragende Größe seiner Seele vermitteln?« Turiyananda lachte laut auf. Es war ein sehr einfaches und klares Lachen; nicht eine Spur von Bosheit lag darin, aber viel Schelmisches. Er lachte so sehr, daß ihm Tränen in den Augen standen, und es dauerte eine

Weile, bis er sie mit einem Zipfel seines Gewands weggewischt hatte. »Bitte wiederhole deine Frage.«

»Bitte lache nicht über sie« sagte ich. »Ich möchte vieles wissen. Als erstes möchte ich dich nach deiner Arbeit fragen. Warum lebst du hier im Saguna-Teil? Ist die Saguna-Verehrung wirklich besser als die des Gunatita?«

Niemals in Eile, dachte Turiyananda ein wenig nach. Er faltete seine Hände und sah auf sie nieder. Dann richtete er seinen Blick auf mich und begann: »Im Gunatita – jenseits von Name und Form – üben sich die Mönche in der Kunst der Konzentration und studieren die Vedanta-Texte und andere metaphysische Schriften. Sie wollen bald mit Ihm vereint sein und denken deshalb unausgesetzt an Ihn. Können sie sich nicht in Konzentration üben, lesen sie die heiligen Bücher. So bleiben sie, ihr Bewußtsein und ihr Körper, immer auf den einen Gegenstand ausgerichtet. Nur wenn sie ihr einsames Mahl einnehmen und wenn sie schlafen, unterbrechen sie ihre Arbeit. Ihr Schlaf ist nur kurz. Sie führen ein hartes Leben. Aber das ist der Preis, den man zahlen muß, wenn man den einfacheren Weg von Name und Form aufgibt.«

»Aber du, Herr, bist einer der großen Heiligen unserer Zeit. Warum gehst du nicht auf die andere Seite? Warum bleibst du hier und arbeitest in dieser Welt?« fragte ich ungeduldig.

Wieder lachte Turiyananda. Diesmal war es ein sanftes Lachen. Nachdem sich seine Heiterkeit gelegt hatte, fuhr er fort: »Es ist richtig, daß ich jeden Beinamen annehme, der mir über den Weg läuft; denn ein Gottgeweihter muß alles annehmen, was ihm zugeworfen wird, sei es Kuhdung oder eine Lotusblüte. Was deine Frage betrifft, mein Sohn, warum ich nicht in den anderen Klosterbezirk hinübergehe und dort arbeite, so ist die Antwort darauf im Leben Ramakrishnas zu finden. Wenn er, der Gott wurde, nach seiner Gottesverwirklichung auf dieser Seite blieb, warum sollte dann nicht auch ein kleiner Fisch wie ich hier bleiben? Jene, die im Saguna, im Bereich von Name und Form, leben und arbeiten, sind ebenso heilig, wie jene auf der Gunatita-Seite. Die Menschen hier sind wohl noch heiliger, weil sie zahlreicher sind. Gott kommt für sie auf die Erde. Und dann geht es hier auch lustiger zu. Denke nur einmal an die Art von Fragen, wie die deinen, die uns gestellt werden, um unsere Eitelkeit anzuregen. Und überhaupt, unser Meister hat recht, wenn er sagt, es sei nicht beglückend genug, das Heil nur für sich selbst zu finden; ich meine wirklich beglückend, denn Gott ist Höchste Beglückung. Man muß das Licht schauen, um den Blinden die Augen zu öffnen. Das ist beglückend. Je zahlreicher die Wege sind, die zu Ihm führen, umso gewaltiger wächst bei den Menschen die übereinstimmende Überzeugung, daß Er wirklich existiert. Liebst du Gott und hast du Ihn auf deine Weise geschaut, dann liegt es in deinem Interesse, andere dahin zu bringen, Ihn auf ihre Art zu sehen. Wie solltest du sonst wissen, daß dein religiöser Weg dir den höchsten Gott offenbart hat, wenn nicht auch alle anderen Religionen Ihn jeder Seele offenbaren, die der Unsterblichkeit ihr Geheimnis entrissen hat? Ramakrishna lehrte uns die alte Wahrheit Indiens: *Atmano mokshartham jagaj-jana-hitaya ca* – den Segen, der auf alle niederkommt, das Heil, das allen gehört. Wo kann man dem besser dienen als hier in diesem Teil des Klosters? Jemand wie ich liebt die Saguna-Verehrung. Jeder Name und jede bestehende Form existiert, um Gott zu verkünden, um Ihn auszudrücken. Wir müssen allen Menschen helfen, den Schrei des Schweigens auszustoßen. Möge der Edelstein der Erlösung in das Herz jedes Menschen hineingelegt werden. Denn jeder Mensch ist hier, um dir die Echtheit deines Gottes zu beweisen, indem er Ihn auf seine Art findet.«

»Ist dies die Erklärung, warum du, der jederzeit leicht in das Gunatita, das Absolute, hinübergehen könnte, hier bleibst im Bereich von Name und Form?« fragte ich.

»Ich bleibe auf dieser Seite«, betonte er, »weil sie die leichtere von beiden ist. Sie ist der Pfad des Schwachen und des Einfachen. Hier ist Raum für den Mann der Tat, für den Mystiker und für den Gott-Liebenden. Der Mann der Tat, der auf jede materielle Belohnung seiner Taten jetzt und später verzichtet, wird in kürzester Zeit Gott finden. Der Mystiker, der ohne jeden Wunsch nach Macht meditiert und betet, wird Ihn, den All-Mächtigen, ebensoschnell finden. Und jener, der Gottes Geschöpfe liebt, wird Ihn in dem Moment finden, in dem seine Liebe kein irdisches Ziel kennt und keine Absicht verfolgt. Hier, im Haus von Name und Form, ist Platz für alle. Hier ist der Marktplatz des Unendlichen. Ich liebe es, hier zu sein. Ramakrishna gab uns das Beispiel.«

Das Gesicht Turiyanandas strahlte vor Begeisterung. Seine Hände lagen weit geöffnet und bewegungslos auf seinem Schoß. Wäre nicht, während er sprach, die Bewegung seiner Lippen gewesen und das Feuer in seinen Augen, hätte man sofort die vollendete Ausgeglichenheit und heitere Gelassenheit gespürt, die für ihn kennzeichnend waren. In ihm verkörperte sich das Wort des Dichters: »Dieser Mann ist von wildester Ruhe.«

Nun stellte ich die Frage, die mich am tiefsten

bewegte. Ich sprach bewußt langsam, damit Turiyananda nicht wieder über meine Worte lachen würde: »Herr, was ist die Botschaft Ramakrishnas an den Westen?«

»Der Westen muß Gott mehr verwirklichen. Ramakrishna symbolisierte diese Gottesverwirklichung. Religion ist der Bericht unserer Gotteserfahrung und nicht eine Theorie unseres persönlichen Glaubens an Gott. Ramakrishnas Botschaft ist für den Westen die gleiche wie für den Osten: Finde Gott! Als Swami Vivekananda ihn fragte: 'Kannst du Gott sehen?' antwortete Ramakrishna: 'Ja, ich sehe ihn, so wie ich dich sehe, nur deutlicher.'

Wenn Ramakrishna Gott sah und Gott wurde, so können auch wir es, du und ich! Religiös sein heißt, Gott erfahren und dann an Ihn glauben. Der Glaube kommt nach der Erfahrung. Der Glaube, der der Erfahrung vorausgeht, ist bedeutungslos.«

»Und doch gibt es nicht nur einen Glauben«, unterbrach ich ihn. »Es gibt nur einen Gott, aber so viele Religionen und Glaubensrichtungen.«

Der Heilige war mit mir einer Meinung und sagte zustimmend: »Es gibt nur Eine Wahrheit, aber viele verschiedene Wege, Gott zu erfahren. Die Glaubensrichtungen müssen so zahlreich sein wie die verschiedenen Wege der Gotteserfahrung. Wahrhafte und bedeutende Glaubensrichtungen sind nur der Ausdruck dafür, daß verschiedene Menschen die ihnen innewohnende Göttlichkeit verwirklicht haben. Betrachte einmal, wie überaus stark schon bei einer objektiven Tatsache wie der Sonne, die Erfahrungen und Aussagen der Menschen auseinandergehen. Der Afrikaner hat eine andere Wahrnehmung der Sonne als der Lappländer. Sie erzählen verschiedene Geschichten über den Lauf der Sonne. Der Afrikaner glaubt, sie scheine zwölf Stunden am Tag; der Lappe, sie scheine sechs Monate im Jahr. Und doch ist es dieselbe Sonne. Ähnlich ist es mit unserer Gotteserfahrung. Trotzdem wir alle den Einen Geliebten verwirklichen, sprechen wir auf sehr unterschiedliche Weise von Ihm. Und doch bezeugen und verherrlichen alle Seine Vielgesichtigkeit. Anstatt immer nur dasselbe einförmige flache Antlitz zu sehen, schauen wir die vielen verschiedenartigen Gesichter des Einen Antlitzes des Schweigens. Macht dies den Herrn nicht umso interessanter? Er kann dir nie langweilig werden; denn hast du dich gerade an einen Anblick gewöhnt, so offenbart Er dir sogleich einen anderen Aspekt Seines Wesens. Er ist ewig neu; denn Er ist ewig derselbe. Wie es einem heranwachsendem Kind vorkommt, als würde seine Mutter Jahr für Jahr verschiedene Seiten ihres Wesens zeigen, so offenbart sich uns die Mutter des Weltalls. In unserer spirituellen Kindheit ist Er uns Hilfe und Stütze; wächst unsere Seele, so finden wir in unserer spirituellen Jugend den vertrautesten Freund in Ihm; im Mannesalter unserer spirituellen Entwicklung offenbart Er sich uns als Symbol unserer Erfahrung. Und am Ende erkennen wir, daß alle Gesichter, die wir sahen, nichts anderes sind als die Gesichter unseres eigenen Unsterblichen Selbst.«

»Wie können wir dieses Selbst finden, Herr?« rief ich aus. »So viele religiöse Lehrer, so viele Gurus, haben nur Verwirrung gebracht!«

Turiyananda schwieg eine Weile. Er sah mich an, dann blickte er durch das kleine Fenster hinaus auf den Garten. Langsam drehte er seinen Kopf und richtete seinen Blick wieder auf mich: »Es gibt Gurus, die Gott geschaut haben. Suche einen von ihnen. Er wird dich in das Brautgemach führen, in dem die Seelen der Menschen mit Gott vereint werden. Solch ein Guru kann jeder Kaste und jeder Religion angehören. Er mag ein Hindu, ein Moslem oder ein Christ sein. Er allein hat die Fähigkeit und das Recht, einen Schüler anzunehmen. Hast du so jemanden gefunden, dann gehe zu ihm, und er wird dir den Schlüssel zum Zimmer des Bräutigams geben.«

Hier wurden wir unterbrochen, und ich mußte mich mit meinen weiteren Fragen ein wenig gedulden.

Gegen vier Uhr am Nachmittag des nächsten Tages sprach Turiyananda wieder zu mir, während wir auf dem grünen Rasen des Klostergartens auf und ab gingen. Er schien völlig verändert, als wäre er ein ganz anderer – aufmerksam, athletisch. Er erfaßte rasch und genau, was vor sich ging. Ab und zu rief er einem weißgekleideten Brahmacharin etwas zu und erkundigte sich nach dem Befinden bestimmter Patienten des Krankenhauses. Manchmal blieb er stehen und unterhielt sich mit dem Gärtner, der einen kleinen Busch beschnitt, über Krankheiten bestimmter Bäume und Pflanzen in dieser Jahreszeit. Die ganze Zeit aber – und es waren fast zwei Stunden – verlor er nie den Faden unserer Unterredung. Während einer Gesprächspause mit dem Gärtner wandte er sich mir zu: »Du willst mich noch etwas fragen, mein Sohn. Was ist es?«

Da stellte ich die Frage: »Wenn jeder Mensch Gott auf seinem Weg finden kann, warum dann nicht auch durch Yoga-Übungen?«

»Yoga-Übungen sind etwas besonderes«, sagte er. »Hast du dich ernsthaft mit Shivanandas Abhandlung über den Yoga beschäftigt? Es ist ein tiefgründiges

Werk, deshalb ist es so kurz. Du darfst dich nicht von dem täuschen lassen, was die Yoga-Lehrer predigen; denn Shivananda hat recht. Wenn du die Beherrschung deines Atems lernst, wenn du deine Konzentrationskraft steigerst, so kannst du dadurch stärker werden. Auch körperliche Gesundheit wirst du erreichen. *Na tasya rogo na jara na mrityuh praptasya yogagnimayam shariram* – Wer des Yoga Flammenkranz trägt, kennt keine Krankheit, kein Alter, keinen Verfall. Das stimmt, doch ewige Jugend nützt dir nichts, wenn du Ihn nicht finden kannst, den Zeitlosen, der nicht jung zu sein braucht.

Noch etwas ist wesentlich, was die Menschen, die sich mit Yoga-Übungen beschäftigen, meist übersehen. Nimm an, du konzentrierst all deine Kraft auf einen einzigen Gedanken, wie etwa: Gott ist Unendliche Schönheit. Während du so denkst, wirst du viele Stufen deiner eigenen Erfahrung durchlaufen, denen du bisher nicht die geringste Aufmerksamkeit geschenkt hast. Aus deinen eigenen Erfahrungen wirst du zu denen anderer übergehen. Allmählich, nach ein oder zwei Jahren, wirst du dann imstande sein, so intensiv zu denken, daß deine Konzentration ihre höchste Kraft erreicht. Dann wird sich dein Körper sehr seltsam verhalten. Dein Atem wird für einige Minuten anhalten, dein Puls wird nachlassen und dein Bewußtsein der äußeren Welt wird fast auf nichts reduziert werden. Wiederholst du diese Übung einige Male, dann wird deine Konzentration so stark sein, daß bisweilen dein Herz für einige Augenblicke stillstehen wird. Ist dann endlich das Ziel erreicht, und du hast die ganze Fülle der unendlichen Schönheit Gottes ergründet, dann hast du nebenbei im selben Augenblick auch die sogenannten okkulten Kräfte des Yoga erlangt.

Zweifellos haben die Rishis, die Weisen des alten Indiens, durch ihre Konzentration auf das Göttliche ganz ohne Absicht das Wissen des Yoga gefunden. Es war nur eine Begebenheit unter anderen in ihrem spirituellen Leben. Doch unglücklicherweise kam später ein Geschlecht von scheinheiligen und falschen Heiligen, die sich nicht viel aus Gott machten. Sie waren nur am Sensationellen interessiert. Deshalb machten sie sich den Yoga als Methode zur Erlangung okkulter Kräfte dienstbar. Ramakrishna warnte uns vor jeder Art spiritueller Dienstbarmachung. Wenn du Macht willst, warum wirst du dann nicht General, Banditenführer oder Straßenräuber? Warum den Yoga zum Selbstzweck machen? Ich kenne Yoga-Lehrer, die imstande sind, viele seltsame Dinge zu tun; aber Gott können sie nicht finden. Diese Zauberkünstler – denn das sind sie in Wahrheit und nichts weiter – glauben, sie könnten etwas, was sonst niemand kann. Aber das ist nicht wahr. Ramakrishna, der kein Yogi war, konnte jeden Yogi mit seinen eigenen Waffen schlagen. Auf seinem Weg der Gottessuche hielten sein Atem, sein Herz und sein Nervensystem ganz von selbst in ihrer Tätigkeit inne. Ohne sich je darum zu bemühen, beherrschte er alle Yogi-Kunststückchen.

Achte darauf, mein Sohn: wenn du Gott suchst und Ihn gefunden hast, dann wirst auch du im Besitz aller okkulten Kräfte sein. Aber noch viel erstaunlicher als ein Zwerg, der den Himalaya besteigt, ist, daß du, wenn dir einmal die Beseligende Schau gewährt wurde, nie versucht sein wirst, deine Kräfte zu mißbrauchen. Wie Helden die freiwillige Übergabe einer besiegten Stadt niemals mißbrauchen, so mißbrauchen auch jene, die die Vorrechte des Hauses der Unsterblichkeit erlangten, ihre Kräfte nicht. Die Söhne der Unsterblichkeit lassen sich nie zu Zauberei oder Zurschaustellung ihrer Kräfte herab.

Außerdem leben wir in einer Zeit, in der die Menschen weder Zeit noch Geduld für die Zauberkünste des Okkultismus und Yoga haben. Die Menschen unserer Tage sind stets in großer Eile. So wollen sie über Abkürzungen das Unendliche erreichen. In unserem jetzigen Zeitalter, dem Kali-Yuga, müssen die Menschen nur aufrichtigen Herzens nach dem Herrn verlangen. Wenn sie Ihn lange genug ersehnen, wird Er sich ihren sterblichen Augen offenbaren. Daran ist nicht zu zweifeln. Er ist wie die Katzenmutter, die den Hilfeschreien ihrer Jungen nicht lange widerstehen kann. Schau auf Ramakrishna: er fand die Göttliche Mutter, indem er ganz einfach nach Ihr rief und Sie bat, ihn zu erhören. Tue dasselbe und Sie wird sogleich die Sonnenmaske von Ihrem Gesicht nehmen und dir Ihr Antlitz des Mitleids offenbaren, das in dir ist. Es ist so leicht, Gott in unserer heutigen Zeit zu finden! Doch siehe, mein Sohn, die Sonne senkt sich; es ist Zeit, sich mit Ihr zu vereinen. Komm mit in meine Hütte und meditiere mit mir. Hari Om! Hari Om!«

Letzter Eindruck

Nachdem ich nun so viele Legenden und Geschichten über Ramakrishna gesammelt hatte, wie es mir Zeit und Umstände erlaubten, reiste ich zu einem letzten Besuch nach Dakshineswar, dem Ort seiner spirituellen Kämpfe und Siege. Zu dieser letzten Fahrt dorthin hatte mich eine alte Frau gedrängt, die den Meister gekannt hatte und mir einige aufschlußreiche Geschichten von ihm zu erzählen wußte.

Am frühen Morgen, als die ersten Strahlen der Sonne den Ganges vergoldeten, erreichten wir Dakshineswar. Das vertraute Bild von Alter und Verfall, das diesen Ort kennzeichnet, stand uns wieder vor Augen. Die vielen Tempelkuppeln mit ihren zerbröckelnden grauen Mauern sahen wenig einladend aus. Die Gärten ringsum waren voller Unkraut. Nichts war mehr erkennbar vom Glanz und Zauber der alten Tage; stattdessen herrschte überall zunehmender Verfall. Sogar die Bäume, unter denen Ramakrishna einst meditierte, siechten dahin. Ich konnte so viel Trostlosigkeit nicht ertragen und bat meine betagte Führerin, mich in den Tempel zu führen. Aber auch hier fand ich keine Erleichterung. Die langen

Gänge und großartigen Decken im Inneren des Tempels waren verwüstet. Verputz und Farbe fielen ab. Spinnen hatten überall ihre Netze gespannt, und zahllose schwarze Tauben hatten sich in jeder Ecke und Spalte der Decken eingenistet. Weit weg von der Dunkelheit des innersten Schreins erhob sich der Gesang des diensttuenden Purohita (Priesters) wie das Wehklagen eines Hungergeistes.

Während wir wieder hinausgingen, beklagte ich mich bitter bei meiner alten Führerin: »Wohin sind alle Freude (Ananda) und aller Glanz (Jyoti)? Warum wirkt dieser Ort so einsam?«

Ihr Gesicht, das voller Runzeln war wie eine alte Scheune voller Spinnweben, erhellte sich langsam. Ihre unzähligen kleinen Falten erfüllte ein Ausdruck, der rein wie kristallklares Wasser war, das über die Risse und Spalten eines schwarzen Felsens fließt.

»Oh du Traumtänzer!« rief sie, »seine Herrlichkeit war nicht von dieser Welt. Wie die Musik nicht in der Flöte, sondern in der Seele des Spielers ist, so war seine Heiligkeit in ihm. Dieser Ort, zu dem ich Hunderte von Pilgern auf bunt geschmückten Booten fahren sah, ist jetzt verlassen und ausgestorben. Warum? Weil er nicht da ist. Niemand, nicht einmal die Königin und ihre reich geschmückten Hofdamen, deren Schleier aus kirschroter, bernsteinfarbener und taubengrauer Seide vor dem kalten Weiß der fahlen Mauern wehten, können diesen Ort wieder zum Leben erwecken. Er starb in dem Augenblick, da Ramakrishna ihn verließ. Priester, Gelehrte, Rajas – sie alle können kein Leben schaffen. Ramakrishnas Sein machte diesen Ort aus. Selbst die Bäume sterben, weil ihre Wurzeln nicht mehr seine Schritte über sich fühlen.«

»Doch warum ließ man zu, daß alles – Reliquien und einfachste Erinnerungsstücke – zugrundeging?« beklagte ich mich. »Wären wir in Europa, hätte man alles aufbewahrt, was Geschichte ist.«

Die alte Frau lachte über mich und sagte: »Ramakrishna lebte und lehrte Entsagung. Wie kann man aus Entsagung Geschichte machen? Oh, ich habe ihn gehört; ich habe auch sein Gesicht gesehen. Manchmal ging er an unserer Hütte vorbei, wenn er von seinen Meditationen aus Panchavati zurückkam. Hättest du sein in Ekstase leuchtendes Gesicht gesehen, dann würdest du verstehen: er entsagte selbst seinem Körper. Er war frei. Er ließ nichts zurück, das an ihn gebunden ist. Er befreite selbst das Zimmer, in dem er lebte, von den Ketten der Erinnerung an ihn. Er wollte sich weder der Menschen noch der Orte bemächtigen. Er war kein Fallensteller des Unendlichen. Er kam, um die Welt zu befreien.«

»Wenn er nichts zurückläßt, wie sollen wir dann von ihm wissen?« fragte ich spitzfindig.

»Doch er verwirklichte das Gott-Sein!« antwortete die alte weise Frau. »Wo auch immer Männer und Frauen meditieren und Selbstlosigkeit leben, dort inkarniert er sich. Willst du ihn wieder zum Leben erwecken, dann entsage allem und suche Gott.«

»Das sind alles schöne Worte, Mutter«, rief ich verärgert. »Ich glaube dir, wenn du sagst, daß ein Lehrer auf die Erde kommt, um uns zu befreien. Aber er muß doch bestimmte Symbole und gewisse Erinnerungen zurücklassen, um späteren Generationen den Weg zu weisen.«

»Hier sind sie nicht«, erklärte sie, »sondern dort drüben, über dem Fluß, im Kloster. Dort meditieren Männer und Frauen, wie er es tat – das ist sein Symbol. Dort versuchen Menschen so zu leben wie er, damit Gott Mensch wird. Ist das nicht die richtige Art, sich an Ramakrishna zu erinnern?«

»Ich glaube, ich kann mich dir nicht verständlich machen«, sagte ich offen. »Ich habe noch in keinem Land eine solche Mißachtung von Zeit und Raum erlebt, wie in diesem gottbesessenen Indien. Ich fürchte, du hältst mich für einen Sklaven von solchen Trugbildern wie Geschichte und Geographie. Nach deiner Meinung ist es wohl auch sinnlos, über ihn zu sprechen und zu schreiben. Das wird ihn nicht zum Leben erwecken, nicht wahr?«

»Was sollen Worte, wenn du in das Schweigen des Unendlichen Erbarmens eindringen willst?« lautete ihre paradoxe Frage. »Ramakrishna erzählte uns eine Geschichte über sich selbst. Eines Tages besuchte er einen großen Eingeweihten. Er hieß Tailanga und lebte in Benares. Er befolgte ein strenges Schweigegelübde, und niemand hatte ihn jemals sprechen gehört. Ramakrishna kam von seinem Besuch bei diesem schweigenden Eingeweihten zurück und erzählte uns: 'Wundervoll waren die Gespräche zwischen ihm und mir. Fast eine Woche lang saßen wir nebeneinander und meditierten. Ein großer Redner ist Tailanga, er teilt seine Gedanken in so klaren Worten mit.' 'Aber er spricht doch nie!' warfen wir ein. 'Was hat das damit zu tun?' antwortete Ramakrishna.

Nun siehst du, mein Sohn, welche Krüppel eure geschriebenen und gesprochenen Worte sind. Sie können dich nirgendwo hinführen. Gott hält uns mit einem kleinen Verstand zum Narren. Aber Ramakrishna ließ sich nicht narren; so wurde er Gott.«

»Ja, so ist es, Mutter! Ich werde jetzt diesen Ort des Verfalls und des Todes verlassen und zum Kloster hinübergehen, dessen Jugend und Kraft mehr nach meinem Geschmack sind.« Ich wandte mich zum Gehen.

Doch sie ließ mich nicht fort und sagte: »Laß mich dich segnen, mein Kind, und versprich, heute mit mir zu essen.«

Gerne versprach ich es ihr. Erfreut über meine Worte segnete sie mich und sagte: »Bleibe noch eine Weile hier. Ich werde nach Hause gehen und kochen. Komm zur Mittagszeit zum Essen in meine Hütte. Dann erst gehe hinüber zum Kloster. Möge Ramakrishna dein Herz mit verzehrender Sehnsucht nach Gott erfüllen.«

Trotzdem mich das Gespräch mit meiner alten weisen Gastgeberin sehr fesselte, mußte ich sie verlassen; denn ich hatte eine Verabredung im Kloster – meine letzte Unterredung mit dem Pandit. Er, der Ramakrishnas Gespräche aufgezeichnet hatte, war den ganzen Weg von Kalkutta gekommen, um mich an diesen Nachmittag zu treffen.

Als wir über den Fluß ruderten, versanken hinter uns die grauen Tempelkuppeln und die absterbenden Bäume von Dakshineswar, und wie ein Banner erhob sich auf der anderen Uferseite der weiße Turm des Klostertempels. Die Palmen ragten hoch in die Luft, und glühend brannte die Nachmittagssonne. Wir sahen ockerfarben gekleidete Gestalten durch die grünen Gärten gehen. Nach und nach wurden die Türme, die Dächer und die gelben Klostermauern sichtbar, und verschwanden langsam wieder, als wir unser Boot unterhalb der Uferböschung festmachten. Mit einem Sprung war ich an Land und rannte flink wie ein glückliches Eichhörnchen die Stufen der Ufertreppe hinauf. Das Leben und die Kraft dieses Ortes hatten mich sofort ergriffen.

Ich lief die Mauer des ersten Gebäudes entlang und sah plötzlich den Pandit, wie er auf einer Terasse aus roten Ziegeln saß und auf mich wartete. Ich setzte mich neben ihn und schaute in sein bärtiges Gesicht, dann sagte ich zu ihm: »Herr, morgen fahre ich zurück.«

Er strich sich mit seinen Fingern einige Male durch seinen weißen Bart und fragte dann: »Sind die Ramakrishna-Legenden, die du gesammelt hast, groß und erhaben genug? Die Legenden sollten eine Ahnung von seiner himmelüberragenden Gestalt geben.«

»Nein«, erwiderte ich, »sie sind nicht groß; sie scheinen mir ganz natürlich und nicht aus dem Rahmen fallend. Sie beruhen zumeist auf der Wirklichkeit.«

»Das meine ich nicht!« sagte er und neigte seinen Löwenkopf ganz nah zu mir. »Ich meine, jede Legende, die über ihn entsteht, wird wahr.«

»Ich verstehe dich nicht«, antwortete ich verwirrt.

»Es ist ganz einfach«, sagte der Pandit während er seinen Kopf wieder zurückzog. »Nimm zum Beispiel Christus: selbst Seine Geburt ohne irdischen Vater wurde zur Wirklichkeit. Warum? Weil Sein Sein so lebendig und groß war, daß man die unbefleckte Empfängnis erfinden mußte, um Ihn zu beschreiben. Genauso war es bei Buddha: Er war so göttlich, daß auch für Ihn derselbe Ursprung, eine unbefleckte Empfängnis, erfunden werden mußte, um Sein Wesen zu erfaßen. Alle Legenden werden Geschichte, wenn ihr Wesenskern spirituell genug ist, um ihnen Leben zu geben und sie zu erhalten.«

»Die Geschichte von der unbefleckten Empfängnis entstand, nachdem Christus und Buddha Gott geworden waren«, sprach ich leise zu mir selbst.

»Ja«, sagte der Pandit. »Dasselbe geschieht mit Ramakrishna. Er war von einer solchen spirituellen

Größe, daß die Menschen zu vielen übernatürlichen Erklärungen greifen mußten, um ihn zu begreifen. Mir fiel nur zu, seine Reden niederzuschreiben.«

»Ich wünschte, es wäre mein Los, die Legenden aufzuzeichnen«, bemerkte ich. »Doch unglücklicherweise beruht alles, was mir die Leute erzählten, mehr oder weniger auf Tatsachen. Eines Tages werde ich jene finden, die mir die übernatürlichen höheren Legenden zu erzählen wissen. Doch, ohne das Thema wechseln zu wollen, möchte ich dich fragen, Herr, ob es einen Grund gibt, warum ihr alle zulaßt, daß der Besitz in Dakshineswar in Trümmer zerfällt, während ihr sorgfältig diesen Ort hier pflegt, der erst Jahre nach Ramakrishnas Tod entstand?«

»Es gibt keinen Grund«, antwortete er ohne im geringsten zu zögern. »Du siehst, wie stark die Bäume hier sind, wie schön der Rasen, wie gesund die Kühe – ganz abgesehen von den heiligen Menschen. Und das ist der Ort, wo Ramakrishna lebt. Wo auch immer ein paar Diener der Wahrheit wohnen, offenbart sich das Sein. Und wo Sein ist, wächst Leben. Alles, was du hier siehst, spiegelt Sein wider.«

»Dann gilt dies für alle Schüler und Anhänger Ramakrishnas«, fügte ich hinzu.

»Wer wollte das leugnen?« Er fuhr fort: »Als der Meister starb, hatten wir keinen Ort, wohin wir gehen konnten. Heute aber stehen in Benares, Kankhal, Bombay, Bangalore, Madras und in Dutzenden anderer Städte Indiens, wie auch in zahlreichen Städten des Auslandes, Ramakrishna-Ashramas. Dort finden sich, unabhängig von Religion und Rasse, Männer und Frauen zusammen, in der Bemühung ein Leben zu führen, in dem sich unsterbliches Sein offenbart. Und dies alles geschah schneller, als ich es mir erträumte. So groß ist die Macht des Inneren Lebens, das der Heilige lebt! Wir, die wir mit ihm gelebt haben, wissen, daß sein Licht alle Dunkelheit durchdringt und so lange über der ganzen Welt erstrahlen wird, wie wir imstande sind, es durch unser Leben immer wieder neu zu erschaffen. Es kann überall dort wachsen, wo sich Menschen in Reinheit, Heiligkeit und grenzenloser Toleranz üben.«

»Warum haben die Schüler sich nicht dazu entschlossen, in Dakshineswar zu leben?« fragte ich wieder.

Er sah mich mit seinen topasfarbenen Augen an. Sein Blick war mir unangenehm. Offensichtlich fühlte er mein Unbehagen, denn er wandte seine Augen ab und sagte: »Ich verstehe den Grund nicht, warum du das Innere mit dem Äußeren Dakshineswar verwechselst. Ramakrishna lebt im Inneren, das in jeder Seele ist. Wohin die Seele auch geht, es geht mit ihr. Es ist heimatlos in der Zeit und heimatlos im Raum.«

»Dann werden in hundert Jahren keine Pilger mehr zu dem Ort wandern, an dem er gekämpft und gesiegt hat?« wollte ich wissen.

»Die Menschen müssen die Pilgerfahrten zu den Heiligtümern in ihrem Inneren machen. Warum sollten sie zu einem Ort gehen, der außerhalb ihres Herzens liegt? Ich hoffe, daß niemand Dakshineswar ausnützen und entwürdigen wird. Ramakrishna hat dort nichts hinterlassen, das auch nur im geringsten einen Vorwand für den Beginn eines neuen Kults mit allem Schrecken des Priestertums und dem Greuel der Vermarktung böte.«

»Dann bist auch du gegen geschichtliche Überlieferung?« fragte ich kritisch.

Der Pandit antwortete: »Ramakrishna war eine vorübereilende Fackel, die auf die Erde kam, um andere

Fackeln – die Seelen von Männern und Frauen – zu entzünden, damit jeder von ihnen Gott würde. Wir sollten nicht eine Religion finden, sondern Religion *sein*. Das wollte er, und hierzu gab er uns das Beispiel.«

»Kein Priester, kein Rabbi, kein Padre – es ist sehr schwer für den Durchschnittsmenschen dies alles aufzugeben, um Gott in sich selbst zu finden.«

Auf diese Bemerkung erwiderte er: »Aber diese Bettler, die Priester, erschaffen keine Religion. Es sind die Männer und Frauen, die sich nach Gott sehnen und Ihn verwirklichen. So lehrte es Ramakrishna. Und es ist auch für unsere Zeit wahr. Wir leben in einem neuen Zeitalter. Wir erleben einen Höhepunkt an Freiheit und an Gleichheit. Die Menschen ordnen die Einzigartigkeit ihrer Seele und ihres Verstandes nicht mehr anderen Menschen unter. Im Gegenteil, sie betonen mit lautem Stolz, daß jeder von ihnen ein Sohn Gottes sei. Trifft dies schon für das äußere Leben des Menschen zu, um wieviel mehr muß es dann für seine inneren Bereiche gelten. Die Menschen wollen ihre Knie nicht mehr vor Avataras und Meistern beugen. Sie wollen selbst Avataras sein. Jede Seele trägt einen kostbaren Schatz in ihrem Schoß. Sie muß Gott gebähren, den Zeitlosen. Das erreichst du nicht durch die Pflege und Erhaltung von Dakshineswar, Kapilavastu und Bethlehem. Was haben Orte und Glaubensbekenntnisse mit der Reinheit dieses Seins zu tun, das die Menschen durch die Verwirklichung ihres Inneren Lebens in die Welt ausströmen? Wo immer sich Menschen zusammenfinden um ihre Seelen zu wecken und zu beleben, wird die Wahrheit Ramakrishnas inkarniert.«

Ein seltsames Licht trat in die Augen des Pandit. Es war wie Tränen – so voll und greifbar.

Der Nachmittag neigte sich seinem Ende zu. Das gegenüberliegende Ufer – Dakshineswar – versank im tiefer werdenden Purpur der Dämmerung. Die Männer auf den Booten holten die Segeln ein, die eben noch in der untergehenden Sonne wie Wolken von Amethyst, Bernstein und Rosa strahlten. Langsam glitten die Schiffe dem Ufer zu, und in wenigen Minuten waren etwa ein Dutzend am Gath des Klosters festgemacht. Halbnackte Bootsleute, wie braunhäutige Tritone, schritten die Treppen hinauf, beladen mit Körben voller Blumen, Früchte und Reis. Diese Gaben brachten sie den Mönchen als Geschenke (Dakshina). Sie legten die Körbe vor der Tür einer Hütte nieder und gingen zur Arati in den Tempel.

Schnell wurde es Nacht. Stille begann uns wie ein schwarzer Panther zu umschleichen. Wir fühlten uns von Heiligkeit umgeben. Der Pandit fragte mich: »Meditierst du mit uns, oder gehst du jetzt fort?«

»Ich gehe, Herr«, antwortete ich, »um anzufangen, meine Geschichte zu schreiben. Heute abend meditiere ich nicht.«

Er segnete mich. Dann sagte er: »Es ist Zeit, zum Gebet zu gehen. Möge deine Seele Erbarmen über alle ausgießen. Lebewohl!«

Innerhalb einer Minute war er verschwunden. Als ich langsam die Stufen der Ufertreppe hinunterging, durchzitterte der Klang eines Gongs die Luft. Als ich im Boot saß, lauschte ich schweigend. Bald ertönte mehrstimmiger Gesang. Ich wußte, was sie sangen – und so sang ich mit ihnen:

»Oh du Fluß der Wunder, der in mir fließt, gieße die heilenden Wasser des Erbarmens auf des Menschen verwundeten Leib und mache ihn ganz.«

Nachdem ich diese Hymne an das Schweigen gesungen hatte, ruderten wir nach Kalkutta. Während wir langsam den Fluß hinabtrieben, wanderten meine Gedanken zurück zum Kloster. Ich sah mich im Tempel sitzen und der Arati folgen. Wohlriechende Flammen zahlloser Lampen beleuchteten das Bild Ramakrishnas auf dem Altar. Ein gelbgekleideter Mönch schwang brennende Kerzen davor, während ich draußen saß und immer wieder sang: »Oh du Fluß der Wunder ...«

Als wir Kalkutta erreichten, war die Nacht voller Sterne. Der blauschwarze Himmel wölbte sich in stolzer Unnahbarkeit über uns, und die Sterne hingen so niedrig, daß sie uns ganz vertraut schienen. Weit weg im Westen wurden die Lichter der Klostergebäude und der darunter liegenden Boote eines nach dem anderen angezündet.

Was bedeutete dies alles? Werde ich je auch nur einen Bruchteil der Freude und des Friedens schildern können, die mir diese ockergekleideten Mönche anvertrauten? Ist es möglich, daß Menschen ein derart lebendiges Leben führen können, daß es zu einer brennenden Fackel der Wahrheit wird, die die materielle Finsternis unserer Zeit nicht verdunkeln kann? Was hatte ich erlebt? Habe ich diese Tage im Kloster dort nur geträumt? Oder habe ich wirklicher gelebt als je zuvor?

Mit solchen Gedanken beschäftigt kam ich nach Hause. Können Worte dieses »*Tat*« (Das) beschreiben, das in den Augen der Mönche jenseits des Flusses brennt? Kann irgendein Wort in irgendeiner Sprache diesen sich verströmenden Frieden der Seele ausdrücken, den diese Menschen für sich und für die Welt, in der sie leben, errungen haben? Und gibt es an irgendeinem Ort, zu irgendeiner Zeit, ein Gleichnis oder ein

Symbol, das die Bedeutung des »*Tat*« begreifbar machen kann?

Heiligkeit allein kann Heiligkeit begreifen. Und nur soweit wir selbst Kinder der Unsterblichkeit werden, können wir diese Söhne Gottes verstehen, die der Menschheit zu helfen suchen.